호오포노포노의
비밀

ZERO LIMITS
: The Secret Hawaiian System for Wealth, Health, Peace and More
by Joe Vitale and Ihaleakala Hew Len

Copyright © 2007 by Hypnotic Marketing and Dr. Ihaleakala Hew Len
All rights reserved.

This translation published under license.

Korean Translation Copyright © 2011 by Minumin

Korean edition is published by arrangement with
John Wiley & Sons International Rights, Inc. through Amo Agency.

이 책의 한국어판 저작권은 아모 에이전시를 통해
John Wiley & Sons International Rights, Inc.와 독점 계약한 (주)민음인에 있습니다.
저작권법에 의해 한국 내에서 보호를 받는 저작물이므로 무단 전재와 무단 복제를 금합니다.

부와 건강, 평화를 부르는 하와이인들의 지혜

호오포노포노의 비밀

I'm sorry
Please forgive me
Thank you
I love you

Zerolimits

조 비테일 · 이하레아카라 휴렌
황소연 옮김 | 박인재 감수

판미동

차례

감수의 글 온전한 책임에 바탕을 둔 사랑과 감사   6

시작하는 글 평화가 시작되는 곳   9

여는 글 우주의 비밀   11

모험 속으로   23

세상에서 가장 별난 심리치료사   34

첫 번째 대화   44

의지에 관한 충격적인 진실   51

예외라니요?   66

사랑합니다   83

신성과 함께 한 식사   104

증거   118

결과를 빨리 얻으려면   165

큰 부자가 되려면   176

의심하는 마음은 궁금해 한다   196

선택은 한계가 있다	208
시가, 햄버거, 그리고 신성 죽이기	233
이야기 뒤의 진실	253
끝맺는 글 깨달음의 세 단계	266
덧붙이는 글 1 호오포노포노의 원칙	274
덧붙이는 글 2 치유의 도구와 건강과 부, 행복의 길	278
덧붙이는 글 3 누구의 책임인가?	281
저자 소개	302

감수의 글

온전한 책임에 바탕을 둔 사랑과 감사

제가 휴렌 박사에 대한 이야기를 들은 것은 2006년 말이었습니다. 자기의 내면을 돌아보고 온전한 책임으로 '사랑한다'고 말함으로써 중증 환자를 고친다는 이 신비한 치유가의 이야기는 처음엔 선뜻 믿어지지 않았지만 한편으로는 신비롭게도 느껴졌습니다.

그 뒤로 지속적인 관심을 갖고 인터넷을 통해 관련 자료를 찾아보던 중 2007년 여름 조 비테일이 휴렌 박사를 만난 이야기를 쓴 책 『Zero Limits』가 나왔다는 것을 알고 곧바로 읽어 보았습니다. 그 책이 바로 지금 여러분이 들고 있는 『호오포노포노의 비밀』의 원서입니다. 그리고 2008년 가을, 일본에서 휴렌 박사의 세미나가 있다는 소식을 듣고 이 '신비한 치유가'를 만날 생각에 가슴이 설렜지요.

하지만 제가 만난 휴렌 박사는 전혀 신비스럽지 않은, 그저 인상 좋은 옆집 할아버지 같았습니다. 유머가 풍부하고 장난기 많은 어린아이처럼 느껴지면서도 그가 전하는 메시지는 명확하고 일관성이 있었습니다.

이 책은 호오포노포노 치유법을 밝히는 최초의 책으로서, 저자의 개인적인 여정을 통해 호오포노포노에 대한 충분한 이해를 가져다줄 것입니다. 그로써 여러분은 스스로를 치유한다는 것의 의미, 치유와 정화를 가져오는 '미안합니다', '용서하세요', '감사합니다', '사랑합니다'라는 말의 힘, 그리고 '평화는 나로부터 시작된다'는 말의 의미를 가슴으로 느끼게 될 것입니다.

이 책은 호오포노포노의 핵심 메시지인 '온전한 책임'과 '자신의 내면과 친해지는 것'이 무엇을 뜻하는지를 흥미로운 이야기를 더해 자연스럽게 풀어내고 있습니다. 사람들은 보통 '마음에 들지 않는' 부분이나 '나쁜' 기억들을 없애고 싶어 하고 또 그것은 당연한 일이라고 생각합니다. 하지만 저자와 휴렌 박사가 이야기하는 호오포노포노의 지혜는 정반대입니다. 휴렌 박사는 그 기억들을 먼저 온전한 나의 마음으로 수용할 때 정화와 치유가 시작된다고 말합니다. 호오포노포노의 아름다움은 이렇게 나의 기억들을 온전한 나의 마음으로 이해하고 돌볼 때 주변이 자연스럽게 가장 알맞은 방식으로 변해 간다는 것입니다.

상대방이 아닌 상대방에 대한 나의 마음을 정화하고, 주변 환경이 아닌 그 환경을 판단하는 나의 기억들을 정화하는 것은 지금까지 수많은 현인들이 이야기해 왔던 '하나의 의식', '확장된 나의 전체성'에 그 맥이 닿아 있습니다. 어떤 문제나 상황 앞에서든 온전한 책임을 지고 치유를 선택할 힘이 나에게 있다는 것은 인류의 축복입니다.

『호오포노포노의 비밀』이 출간된 후 호오포노포노와 관련된 여러 권의 책이 나왔지만, 이 책이 꾸준한 사랑을 받고 있는 것은 호오포노포노의 핵심 메시지가 오롯하게 담겨 있기 때문일 것입니다. 판미동에서 『호오포노포노의 비밀』이 다시 출간된 것을 기쁘게 생각하며 많은 분들이 이 책을 통해 기억이 아니라 온전한 책임에 바탕을 둔 사랑과 감사의 지혜를 가슴으로 느끼시기를 기원합니다. 고맙습니다.

박인재

시작하는 글

평화가 시작되는 곳

현대 호오포노포노의 창시자이자 마스터인 카후나 라파아우 모르나 날라마쿠 시메오나의 책상 위에는 이렇게 쓰여진 플래카드가 놓여 있었습니다.

"평화는 나로부터 시작된다."

나는 1982년 12월부터 1992년 2월 독일의 키르히하임Kirchheim에서 모르나가 숨을 거둘 때까지 그녀와 함께 여행하고 일하는 동안 모든 이해관계를 뛰어넘은 평화를 직접 체험했습니다. 그녀는 현대 혼란의 숲 한가운데 무덤 속에 누워서도 모든 이해를 초월한 평온함을 발산하고 있습니다.

1982년 11월 모르나를 스승으로 섬기게 된 뒤로 십 년 동안 가르침을 받으며 함께한 세월은 내겐 크나큰 행운이요 영광입니다. 나는 그 후로 줄곧 호오포노포노를 실천해 왔습니다. 내 친구 조 비테일 박사의 도움으로 그 메시지를 세상에 전할 수 있게 된 것을 진심으로 기쁘게 생각합니다.

진실은 자신을 통해 타인에게 도달해야 합니다. 우리는 모두 하나이고 모든 것은 우리 안에서 일어나기 때문입니다.

나의 평화.

이하레아카라 휴렌

여는 글

우주의 비밀

나는 2006년도에 '세상에서 가장 독특한 심리치료사'라는 제목의 글을 기고한 적이 있다. 그것은 정신병원에 수감된 범죄자들의 치료를 도운 어느 심리치료사의 이야기였다. 환자들을 진찰하지 않고도 하와이 고유의 독특한 치료법만으로 치료에 성공했다는 그 이야기를 접하고, 나는 2년간의 수색 작업 끝에 간신히 그를 찾아냈다.

그의 치료법을 배워 작성하기 시작한 기사는 인터넷을 뜨겁게 달궜고 인터넷 토론 게시판들을 도배하여 이메일을 통해 수많은 사람들에게로 퍼져 나갔다. 수백, 수십만 명의 사람들이 가족과 친구들에게 이 기사를 전달하며, 내 홈페이지에서 의견을 나누었다.

기사를 읽은 사람들은 하나같이 자기 눈을 의심했다. 어떤 사람은 감동을 받기도 했고 어떤 사람은 고개를 갸우뚱거렸다. 하지만 더 깊이 알고자 하는 궁금한 마음만은 모두 한결같은 듯했다. 이 책은 그런 모두의 바람과 오랜 탐구의 결과물이다.

이제부터 내가 밝힐 내용은 앞서 출간된 내 책 『돈을 유혹하라The Attractor Factor』의 다섯 단계에 익숙한 독자에게도 다소 난해하게 느껴질지 모르겠다. 이 책을 읽다 보면 내가 어떻게 큰 노력 없이 큰 성과들을 거두었는지 저절로 이해하게 될 것이다. 우선 내가 이제껏 살아오면서 이룬 몇 가지 성과를 소개한다.

- 내 오디오 프로그램 〈괴짜 마케팅의 힘The Power of Outrageous Marketing〉의 출시는 십 년 동안 활로를 찾다가 포기하려는 순간에 극적으로 실현되었다.
- 나는 땡전 한 푼 없는 노숙자에서 가난뱅이를 거쳐 무명의 작가로, 다시 베스트셀러 작가로 재기했다. 게다가 최종적으로는 인터넷 마케팅 업계의 거목이 되었다. 어떻게 아무런 계획도 없이 이런 일이 가능했을까?
- BMW Z3 스포츠카에 대한 내 열망은 아무도 생각하지 못했던 인터넷 마케팅 아이디어를 내게 안겨 주었다. 그 덕에 나는 하루 만에 2만2천5백 달러, 일 년 동안 25만 달러를 벌어들였다.
- 나는 이혼을 하고 빈털터리가 되었을 때 텍사스의 시골 부지를 사서 이주하고 싶었다. 그 바람을 계기로 새로운 사업을 시작해서 단 하루 만에 5만 달러를 벌어들였다.

- 나는 완전히 새로운 방식에 마음의 문을 열고 나서야 40킬로그램 감량에 성공했다.
- 베스트셀러 작가가 되고 싶다는 열망은 나를 베스트셀러 작가의 길로 인도했다. 이것은 어떤 계획이나 순간적인 생각에서 비롯된 것이 아니다.
- 흥행에 성공한 영화 〈시크릿〉에 내가 출연하게 된 데는 어떤 간청이나 청탁, 의도나 지시도 작용하지 않았다.
- 뜻하지 않게 2006년 11월 〈래리킹 쇼〉에 첫 출연한 이래 2007년 3월에 다시 출연한 것은 모두 내가 계획한 일이 아니었다.
- 이 글을 쓰고 있는 지금도 나는 할리우드 거물들로부터 〈괴짜 마케팅의 힘〉을 영화로 만들자는 제의와 텔레비전 쇼를 진행해 달라는 등의 여러 제의와 협상 중에 있다.

나는 살면서 많은 기적을 체험했다.

왜 내게 그런 기적이 일어났을까?

한때 노숙자였던 나는 동시대의 베스트셀러 작가로, 인터넷 스타이자 백만장자로 불리고 있다.

대체 어떻게 이런 성공을 일구어 냈을까?

그렇다. 나는 내 꿈을 따랐다.

그렇다. 나는 행동을 취했다.

그렇다. 나는 꾸준히 노력했다.

하지만 꿈을 좇아서 실천하고 꾸준히 노력하는데도 여전히 성공하지 못하는 사람들이 많다. 무엇이 다른 걸까?

위의 목록을 찬찬히 들여다보면 내가 직접 일구어 낸 것은 하나도 없다는 것을 눈치챌 수 있을 것이다. 마음이 내키지 않아 마지못해 한 일도 있었지만 내 뒤에는 언제나 신성神聖의 계획이 있었다.

다른 방식으로 설명해 보겠다. 2006년이 막바지에 다다를 무렵, 나는 신비로운 하와이 심리치료사와 그의 치료법을 접한 뒤로 터득한 바가 있어 '성취를 넘어서'라는 제목의 강좌를 열었다. 당시 나는 참석자들에게 뭔가를 실현하거나 성취하기 위해 사용하는 수단들을 생각나는 대로 열거해 보라고 말했다. 긍정, 시각화, 의도, 신체지각요법, 최종 목적 감지하기, 글쓰기, 감정 해방 요법, 녹음법 등등 셀 수 없을 정도로 많은 의견이 쏟아졌다. 나는 그 방법들이 언제나 예외 없이 통하더냐고 물었다.

그렇지 않다는 데 모두의 의견이 모아졌다.

"왜 그럴까요?"

내가 물었다. 확신에 차서 대답하는 사람은 없었다.

"그 방법들에는 모두 한계가 있기 때문입니다. 여러분이 예로 든 것들은 여러분이 모든 열쇠를 쥐고 있다고 알려 주는 도구에 지나지 않습니다. 진실은 다릅니다. 여러분이 모든 책임을 지고 있는 것이 아닙니다. 여러분이 그 도구들을 내던지고 여러분 마음속의 무한대無限大, zero limits를 믿는 순간, 진짜 기적이 찾아옵니다."

우리가 꿈꾸는 인생은 그 모든 허깨비들 뒤에, 마음의 간사한 재잘거림 뒤에 이른바 신성과 함께 존재한다고 나는 그들에게 말했다.

덧붙여 말하자면 인생에는 최소한의 세 단계가 있다. 자신을 희생자로 생각하는 첫 번째 단계에서 두 번째 단계에 접어들면 스스로 자기 인생의 창조자가 된다. 운이 좋은 사람이라면 신성에 충실한 사람이 되는 최종 단계에 이를 수 있다. 나중에 언급하겠지만 그 최종 단계에서 놀라운 기적이 일어난다. 노력하지 않아도 말이다.

오늘 나는 내 최면 프로그램을 맡아 진행할 후보자 한 명을 면접했다. 목표 설정 전문 강사인 그는 십여 권의 책을 썼으며, 그 책들은 이제까지 수백만 권이 팔렸다고 했다. 그의 철학의 대부분은 뭔가를 성취하도록 이끄는 강렬한 욕망을 부추기는 것을 핵심으로 삼고 있었다. 하지만 한 가지 전략이 부족했다. 나는 그에게 목표 달성의 문제는 일단 접어 두고, 목표를 설정할 동기 자체가 부족한 사람에게는 어떤 제안을 하겠느냐고 물었다.

"만약 그걸 알 수 있다면 세상에 해결 못할 문제는 없겠죠."

그가 말했다. 그는 목표를 성취하기 위해서는 우선 간절히 원해야 한다고 역설했다. 그렇지 못하면 목표에 집중하고 노력하는 데 필요한 훈련을 계속할 수 없다고 말이다.

"하지만 별로 간절히 원하지 않는 경우에는 어떻게 하지요?"

내가 다시 물었다.

"그럼 목표를 달성하지 못하겠죠"

"당신은 어떻게 간절히 원하는 마음이 생기도록 스스로에게 동기를 부여합니까?"

그는 대답을 하지 못했다.

바로 그게 걸림돌이다. 대다수의 자기계발서나 목표 설정 프로그램들이 이 대목에서는 한계를 뛰어넘지 못한다. 뭔가를 성취할 준비가 되어 있지 않은 사람은 실현하는 데 필요한 에너지를 유지하지 못한다는 껄끄러운 진실에 직면하는 것이다. 동기가 없는 사람은 포기가 빠르다. 새해 첫날의 굳은 결심을 작심삼일로 끝낸 경험이 있는 사람이라면 누구나 공감할 것이다. 처음의 의도는 좋았으나, 그 욕망을 뒷받침할 좀 더 심오한 뭔가가 부족하기 때문이다.

'간절히 원하지 않는' 상태라면 어떻게 해야 할까?

바로 이 대목에서 이 책의 주인공인 하와이식 요법이 필요하다. 우리의 무의식 속에 도사린 장벽들을 허물고 건강이든 재산이든 행복이든, 무엇이든지 성취하도록 도움을 주는 비법, 이 모든 것들이 우리의 내면에서 벌어지는 일들이다.

이제부터 당신은 롤러코스터를 타고 마음속 탐험을 떠나게 될 것이다. 이 여행의 테마는 토르 노레트랜더스 Tor Nørretranders의 『사용자

『환상The User Illusion: Cutting Consciousness Down to Size』(덴마크의 과학 저술가인 저자는 이 책에서 인간의 인식 능력은 쏟아져 들어오는 시각 자극에 비해 처리할 수 있는 정보의 양이 극히 적기 때문에 무의식이 정보의 대부분을 걸러내고 축소한다는 주장을 폈다―옮긴이)에서 인용한 말로 요약된다.

"우주는 무無가 거울에 비친 자신의 모습을 보았을 때 비로소 시작되었다."

이 책의 요지는 아무것도 존재하지 않지만 모든 것이 가능한 '제로zero상태'로 돌아가자는 것이다. 제로 상태에서는 어떤 생각도, 말도, 행동도, 기억도, 고정관념도, 믿음도, 그 어느 것도 존재하지 않는다. 말 그대로 '아무것도 없는 상태'이다.

어느 날 무無가 거울 속의 자신을 보았을 때 당신은 태어났다. 그 제로 상태에서 당신은 믿음과 고정관념, 기억, 생각, 말, 행동 등을 무의식적으로 흡수하고 다시 만들어 냈다. 그리고 이런 프로그램들이 돌아가야 할 곳은 존재의 시작이다.

당신이 매 순간 경이로움이 가득한 인생을 살도록 돕는 것이 이 책의 목표다. 내가 뜻하지 않은 성공을 체험했듯이, 당신도 기적을 체험하게 될 것이다. 기적은 각자의 상황에 따라 독특하고 경이로운 모습으로, 마법처럼 당신을 찾아올 것이다.

이해의 차원을 넘어 절대자와 만난 내 영적인 우주여행은 경이로운 체험이었다. 나는 한 번도 꿈꾸어 보지 못한 성공을 손에 넣었고 새로운 비법들을 터득했다. 그리고 나 자신과 세상에 대한 말로 형언할 수 없는 사랑 속에서 거의 매일을 경외감 속에 살고 있다.

이렇게 표현하고 싶다. 누구나 세상을 바라보는 렌즈를 갖고 있다고. 종교인이나 철학자, 심리치료사, 작가와 연사들, 기업가들을 비롯해 세상 모든 사람들은 특정한 사고방식의 틀로 세계를 인식한다. 이 책은 그 모든 렌즈들을 해체하는 새로운 렌즈의 사용법을 제시할 것이며, 여기서 건네는 새 렌즈로 갈아 끼우는 순간, 당신은 비로소 제로 상태의 '무한 지대'에 도달하게 될 것이다.

이 책은 이른바 호오포노포노라는 현대 하와이식 치료법을 최초로 밝히는 책이자, '조 비테일'이라는 한 인간의 체험기이기도 하다. 다시 말해 내게 경이로운 치료법을 가르쳐 준 심리치료사의 축복에 의해 처음 쓰이기 시작한 이 책은, 세상에 대한 나 자신의 렌즈를 통해 쓰인 결과물이기도 한 것이다.

이 책의 핵심은 단 한 마디로 요약할 수 있다. 이제부터 당신이 배워 사용하게 될 말, 우주의 궁극적인 비밀을 드러내는 말, 지금 내가 우리 모두와 신성을 향해 외치고 싶은 말.

"사랑합니다."

표를 끊고 자리에 앉으시길. 각자의 영혼으로 가는 열차가 이제 막 출발했다. 모자가 날아가지 않게 꼭 붙들고서 경이로운 이 여행에 모두 동참하기를 바란다.

사랑합니다.

알로하 노 와우 이아 오에.

텍사스 오스틴에서,

조 비테일

"우주는
무^無가 거울에 비친 자신의 모습을 보았을 때
비로소 시작되었다."

— 토르 노레트랜더스, 『사용자 환상』 중에서

모험 속으로

평화가, 내 모든 평화가 당신과 함께하길!
오카 말루히아 노 메 오에, 쿠우 말루히아 마 파우 로아!

2004년 8월, 전국 최면술사 연합회^{National Guild of Hypnotists}의(저자 조 비테일은 '힙노틱 마케팅 사^{Hypnotic Marketing, Inc.}의 대표이다.—옮긴이) 연례회에 참석한 나는 부스에서 강의를 하며 일에 열중하고 있었다. 사람들도 좋았고 행사장에 넘쳐흐르는 에너지와 유대감이 무엇보다 마음에 들었다. 그리고 그날, 내 인생을 송두리째 바꿔놓을 일생일대의 사건이 나를 기다리고 있었다.

당시 나와 같은 부스에서 일을 하던 마크 라이언은 최면술사였다. 그는 활짝 열린 마음의 소유자로 호기심 많고 논리 정연하며, 인생과 인생의 모든 미스터리를 꿰뚫는 통찰력을 보유한 친구였다. 우리의 대화는 밀턴 에릭슨 같은 심리치료 분야의 영웅에서부터 무명의 주술사들을 넘나들며 몇 시간이고 이어졌다. 그렇게 대화를 나누던 중 마크가 느닷없이 던진 질문에 나는 깜짝 놀라고 말았다.

"환자를 진찰하지 않고도 고친다는 심리치료사에 대해 들어본 적 있나?"

나는 말문이 막혔다. 영적 치유자나 원거리 치료자는 들어 봤지만 마크의 이야기는 좀 다른 이야기 같았다.

"그 사람은 미치광이 범죄자들로 우글거리는 병원을 통째로 고쳤다는군. 신기한 건 환자를 단 한 명도 진찰하지 않았다는 거야."

"뭘 어떻게 했는데?"

"호오포노포노라는 하와이식 치유법을 썼다고 들었어."

"호오…… 뭐?"

나는 마크에게 거듭 그 용어에 대해 물어보았지만 마크 역시 그 치료 과정을 자세히 알고 있지는 않았다. 당시 내가 그 이야기에 호기심을 느낀 건 사실이었으나 그다지 믿었던 것은 아니었다. 사실 떠도는 헛소문일 거라고 생각했다.

마크는 이야기를 계속했다.

"나 자신을 찾아서 여행을 한 지 16년째 되던 해, 캘리포니아의 샤스타 산에 갔을 때였지. 그곳에서 만난 한 친구가 내게 건

네준 소책자를 나는 절대 잊지 못한다네. 파란 잉크로 쓰인 그 글들은 하와이 심리치료사와 그의 치료법에 대한 내용이었어, 나는 그 후로 몇 년 동안 그 글을 읽고 또 읽었네. 그 심리치료사가 어떤 일을 했는지 자세한 설명은 없었지만 그의 치료법으로 인해 치유된 것만은 확실한 듯했어."

"그 글은 지금 어디 있나?"

나는 당장 그 글을 읽고 싶었다.

"지금은 어디 있는지 찾을 수 없지만 그걸 자네에게 말해 주라는 소리가 들렸어. 자네가 내 말을 믿지 않을 거라는 걸 알지만, 나도 자네만큼 그것에 매료되었거든. 나 역시 더 자세히 알고 싶어."

그 후로 나는 수시로 인터넷에 접속해 하와이 심리치료사에 대한 정보를 탐색했다. 하지만 환자를 진찰하지 않고 고친다는 심리치료사의 이야기는 도통 찾을 수 없었다. 눈앞에 없는 환자를 고친다는 원거리 치료에 대한 정보는 간혹 찾을 수 있었지만, 내가 찾는 심리치료사의 방법은 그와 다르다는 걸 알 수 있었다. 호오포노포노의 정확한 철자조차 모르는 상태로 온라인 검색을 되풀이하던 나는 결국 손을 놓고 말았다.

그렇게 일 년이 흐르고 2005년 연례회에서 만난 마크가 다시 그 심리치료사의 이야기를 꺼냈다.

모험 속으로 25

"그동안 뭐 찾아낸 거라도 있나?"

"그의 이름이 뭔지, 그 용어의 철자가 어떻게 되는지 전혀 모른다네. 찾아낸 게 전혀 없어."

내 대답에 마크는 곧바로 내 노트북컴퓨터를 꺼내 인터넷에 접속했다. 그는 컴퓨터로 정보를 찾아내는 데 능숙한 친구였다. 얼마 지나지 않아 우리는 호오포노포노의 유일한 홈페이지를 찾아냈다. 그곳의 기사를 읽어 내려가며 비로소 우리가 찾던 것의 윤곽이 조금씩 드러났다.

호오포노포노의 정의는 이랬다.

"호오포노포노는 우리 내부의 유독한 에너지를 방출해서 신성한 생각과 말, 업적, 행동이 효능을 발휘하도록 하는 과정이다."

무슨 말일까? 전혀 감이 오지 않았지만 나는 계속 둘러봤다. 이런 말도 있었다.

"간단히 말해 호오포노포노는 '바로잡다' 혹은 '오류를 수정하다'를 뜻한다. 고대 하와이인들에 의하면 오류는 과거의 고통스러운 기억들로 얼룩진 생각들에서 비롯된다고 한다. 호오포노포노는 불균형과 질병을 유발하는 이런 고통스러운 생각들, 즉 오류의 에너지를 방출하는 방법을 제시한다."

흥미롭긴 했지만 여전히 아리송한 말들뿐이었다. 사이트를 구석구석 뒤지던 나는 현대식으로 개선된 호오포노포노 치유법이 있다는 사실을 알게 됐다. 마크와 나의 호기심은 이 정도에서 그치지 않았다. 우리는 노트북을 말 삼아 타고 미지의 땅, 미개척지로 들어갔다. 해답을 찾아 열렬히 자판을 두들기며 전진했다. 그리고 마침내, 우리의 호기심을 충족시켜 줄 만한 몇 가지 기사를 발견했다.

호오포노포노, 내 환자의 문제를 완전히 책임진다는 것.

이하레아카라 휴렌 박사, 찰스 브라운(국제 군사 재판관)

심리치료사들이 전통적으로 사용해 온 문제 해결 방법과 치유법은 문제의 원인이 치료사가 아니라 '환자의 내부'에 있다는 믿음에 근거를 둔다. 그렇기에 치료사들은 환자가 본인의 문제를 해결하도록 돕는 것이 자신의 의무라고 생각한다. 그러나 이런 믿음은 환자를 치료하는 도중에 치료사 스스로를 지치게 만들 뿐이다. 심리치료사들은 문제가 된 상황이 전적으로 자신의 책임임을 인정해야만 그 문제를 효과적으로 해결할 수 있다. 즉, 환자가 아닌 치료사 자신의 마음속에 있는 그릇된 생각이 문제의 원인임을 인정해야만 한다. 하지만 심리치료사들은 이 점을 도무지 깨닫지 못하고 있는 듯하다. 문제가 있는 곳에는 언제나 그들이 존재한다는 것을 모르는 것이다!

문제가 발생한 데 대한 책임이 전적으로 그들에게 있다는 것은 그것을 해결할 책임 역시 전적으로 그들에게 있음을 뜻한다. 카후나 라파아우 모르나 날라마쿠 시메오나가 개발한 참회와 용서의 과정인 현대 호오포노포노 요법을 사용하면, 심리치료사들은 그릇된 생각들을 자신의 내부로 돌리고 환자의 내부를 완전한 사랑의 생각들로 채워 변화시킬 수 있다.

신시아의 눈가가 눈물로 촉촉해졌다. 꽉 다문 입술 양쪽 끝이 움푹 팼다. "내 아들이 걱정돼요." 신시아가 가벼운 한숨을 토해 냈다. "그 애가 다시 마약을 시작했거든요." 그녀가 가슴 아픈 이야기를 털어놓을 때, 나는 그녀의 문제를 현실로 만든 내 안의 그릇된 생각들을 청소하기 시작했다.

심리치료사와 그들의 가족, 친척, 조상들의 마음속에 있는 그릇된 생각들이 사랑으로 대체되면 환자와 환자의 가족, 친척, 조상들의 마음속 생각 역시 바뀐다. 심리치료사들은 현대 호오포노포노 치료를 통해 그릇된 생각들을 사랑으로 바꿀 수 있는 근원에 직접적인 영향을 미칠 수 있다.

그녀의 눈가가 말랐다. 꽉 다물었던 입도 풀어졌다. 입가에 미소가 감돌고 얼굴에 안도감이 희미하게 떠올랐다. "이유는 모르겠지만 왠지 기분이 좋아지네요." 나 역시 그 이유를 모른다. 정말이다. 인생은 미스터리다. 단지 사랑만이 모든 걸 알 뿐이다. 뭐가 더 필요할까. 그저 모든 축복의 원천인 사랑에 감사할 밖에.

심리치료사가 호오포노포노 치유법으로 문제를 해결하려 할 때 제일 먼저 밟아야 할 단계는 주체성을 가지고 그의 마음을 근원과 연결하는 일이다. 그 근원은 흔히 '사랑' 혹은 '신'이라는 말로 불린다. 근원과 접속한 뒤 문제를 일으키는 내부의 잘못된 생각들을 바로잡아 달라고 사랑에게 호소한다. 우선은 자기 자신을 위해서, 그리고 환자를 위해서. 이런 호소의 과정은 심리치료사가 참회하고 용서를 비는 과정이다.

"나와 내 환자에게 문제를 유발하는 내 안의 그릇된 생각들에 대해 미안하게 생각하고 용서를 구합니다."

심리치료사가 참회하고 용서를 빈 데 대한 반응으로 사랑은 그릇된 생각들을 변화시키기 시작한다. 이것은 영적인 교정 과정의 첫 단계로서, 사랑이 문제를 일으키고 분노와 두려움, 화, 비난, 혹은 혼란을 야기했던 그릇된 감정들을 중화한다. 그 다음 단계로 중화된 에너지들을 생각 밖으로 몰아내면 마음이 텅 비면서 진정한 자유의 상태로 남겨지고, 텅 빈 마음은 다시 사랑으로 채워진다. 그 결과는 뭘까? 심리치료사가 사랑으로 새롭게 재충전되고 나면 환자와 관련된 모든 문제들 역시 같은 과정을 밟는다. 절망이 있었던 환자의 내면에 사랑이 자리를 잡는 것이다. 환자의 영혼을 장악했던 어둠은 상처를 치료하는 사랑의 빛으로 대체된다.

호오포노포노 훈련은 사람들에게 스스로의 정체성과 매 순간의 문제를 해결하는 방법, 사랑으로 새롭게 태어나고 재충전하는 과정을 가르친다. 참석자들은 내부의 생각들이 어떻게 그들의 인생에 영적, 정신적, 정서적, 신체적, 경제적 문제와 인간관계상의 마찰을 일으키는지를 깨닫게 된다. 그 그릇된 생각들은 그들의 인생뿐 아니라 가족과 친척, 조상들, 친구들, 이웃, 조력자들에게까지 문제를 일으킨다. 훈련 프로그램에 참석한 사람들은 문제가 무엇이며 어디에 문제가 있는지를 깨닫고, 25단계가 넘는 문제 해결 과정을 통해 각양각색의 문제들을 다루고 해결하는 방법들을 배운다. 이 훈련의 밑바탕에는 '모든 책임은 전적으로 나에게 있다'는 전제가 깔려 있어야 한다. 자신의 인생에서 일어나는 모든 일은 그것이 무엇이든 자신의 책임이다!

매 순간 새로워지는 자기 자신을 만나며 한 단계씩 나아갈 때마다 사랑의 기적이 반복되면서 현대 호오포노포노는 진가를 발휘한다.

> **내 삶과 인간관계는 다음과 같은 가치관에 바탕을 두고 있다.**
>
> 1. 물질적 우주는 내 생각의 발현이다.
> 2. 내 생각이 병들었다면 그 병든 생각이 신체의 질병을 유발한다.
> 3. 내 생각이 완전하다면 그 완전한 생각이 사랑이 넘치는 물질적 현실을 창조한다.
> 4. 지금 존재하는 물질, 우주의 모습은 전적으로 나의 책임이다.
> 5. 병든 현실을 유발하는 병든 생각을 교정하는 것은 전적으로 나의 책임이다.
> 6. 외부라는 것은 존재하지 않는다. 모든 것은 내 마음속에 생각으로 존재한다.

마크와 나는 이 기사를 읽고 두 명의 저자 중 누가 우리가 찾는 심리치료사인지 궁금해졌다. 찰스 브라운일까, 휴렌 박사일까? 또 여기에 언급된 '모르나'라는 사람은 누구일까?

호오포노포노는 대체 뭘까?

우리는 궁금증이 풀리길 바라며 기사들을 몇 건 더 읽었다. 그리고 우리가 궁금해하는 것들에 대해 힌트가 되는 말들을 발견했다.

"호오포노포노는 문제를 시련이 아닌 기회로 본다. 문제는 과거에 대한 기억들이 재생된 것뿐이다. 우리는 문제를 사랑의 눈으로 보고 달리 행동할 기회를 얻는 것이다."

호기심을 느꼈지만 여전히 납득이 잘 되지 않았다. 과거의 기억이 재생된 것이라는 게 무슨 소리지? 도대체 이 저자들은 뭘 말하고 싶은 걸까? 이 호오 뭐라고 하는 심리치료 요법이 사람들을 치료하는 데 어떤 도움을 준다는 걸까? 이 심리치료사는 대체 어떤 사람일까?

이번에는 다른 기사를 찾았다. 대럴 시포드라는 기자가 호오포노포노의 창시자를 만나고 쓴 기사였다. 그녀의 이름은 '카우하 라파아우 모르나 날라마쿠 시메오나'였는데, 여기서 '카후나'는 '비밀을 간직한 자'란 뜻이다. 기사에 따르면 모르나가 사람들을 치유하는 방법은 '사람들의 내부에 존재하는 신성을 통해' 신성한 창조자에게 호소하는 것이었다. 실제로 모든 사람들은 그 창조자가 확장된 존재들이라고 그 기자는 쓰고 있었다.

당시 나와 마크는 이 말을 이해하지 못했다. 모르나는 기도 같은 주문을 외우면서 사람들을 고치는 것 같았다. 나는 그 기도문을 찾아보기로 마음먹었지만 곧 다른 목적을 갖게 됐다. 그 심리치료사를 찾아 치유법을 배우는 것이었다. 더 알고 싶다는 열망과 이 주술 치료사를 만나야겠다는 의지가 갈수록 강해졌다. 마크와 나는 회의장으로 돌아가는 것도 포기하고 탐험을 계속했다.

기사들과 웹사이트의 내용을 종합해 보건대, 우리가 찾는 그 심리 치료사는 '이하레아카라 휴렌'이라고 하는 사람이었다. 그때는 그의 이름을 어떻게 발음해야 할지조차 난감한 데다 웹사이트에는 그의 연락처도 없어서 어떻게 찾아내야 할지 막막했다. 유명한 사이트에서 인물 검색을 해도 소용이 없었다. 혹시 이 신비로운 심리치료사가 허구의 인물은 아닐까. 혹은 은퇴를 했거나 사망한 것은 아닐까 생각하며 우리는 노트북을 끄고 회의장으로 돌아갔다.

모험은 이미 시작되고 있었다.

Zerolimits

세상에서 가장 별난 심리치료사

외부를 바라보는 자는 꿈을 꾸고, 내면을 바라보는 자는 깨어난다.
— 칼 융

그날 나는 집으로 돌아와서도 좀처럼 심리치료사의 이야기를 떨쳐 버릴 수가 없었다. 도대체 어떤 방법을 쓰기에 사람을 보지도 않고 병을 고칠 수 있단 말인가? 그는 어떤 사람일까? 혹시 날조된 이야기가 아닐까?

20여 년을 자아실현에 매달려 온 나로서는 당연한 호기심이었다. 그때까지 나는 남다른 호기심으로 논쟁의 대가와 7년이란 세월을 함께 보냈고, 자기계발 분야의 거장들을 비롯해 현자, 작가, 연사, 신비주의자, 유심론자 등 수많은 사람들을 인터뷰해 왔었다. 하지만 머릿속에서 한시도 떨쳐지지 않는 그 심리치료사는 그때까지 내가 써온 많은 책들과도, 인터뷰했던 다양한 사람들과도 차원이 다르게 느껴졌다. 말하자면 그는 내 인생에 있어 일종의 '대사건'이었다.

나는 다시 수색 작업에 돌입했다. 사립 탐정이라도 고용해야 하나 생각하던 찰나, 마침내 한 가닥의 실마리가 보였다. 어느 웹사이트에서 협력자로 올라와 있는 휴렌 박사의 이름을 발견한 것이다. 전화번호는 없었지만 이메일로 그에게 상담을 의뢰할 수 있었다. 심리치료를 받는 방법치고는 다소 이상했지만 그의 방문을 처음 두드리는 방법으로는 최선인 듯했다. 처음으로 그에게 이메일을 보낼 때 내가 느낀 흥분은 말로 다 못할 정도다. 나는 그의 답장을 목이 빠지게 기다렸다. 뭐라고 할까? 뭔가 깨달음을 줄까? 그가 이메일을 통해서 나를 고쳐 줄까? 하룻밤을 거의 뜬 눈으로 지새우며 기다린 끝에 다음날 드디어 그로부터 답장을 받았다.

조에게.

상담을 의뢰해 주셔서 감사합니다. 상담은 보통 인터넷이나 팩스로 이루어집니다. 상담을 받게 되실 분들은 저에게 미리 상담 내용을 제공하셔야 합니다. 예를 들어 문젯거리나 걱정거리를 설명하시면 되죠. 나는 그 정보를 바탕으로 작업에 들어가 명상을 통해 신성에게 지시를 구합니다. 그러고 나서 명상에서 얻은 것을 가지고 이메일을 통해 의뢰자 분과 소통을 합니다.

오늘 밖에서 점심을 먹는데 하와이의 어느 법률가께서 제게 팩스를 보내 그것을 봐 달라고 하시더군요. 나는 명상을 통해 신성으로부터 받은 것을 가지고 그분께 연락을 드릴 겁니다.

언제든 연락을 주십시오.

모든 이해를 넘어선 평화가 당신께 깃들기를 바랍니다.

— 이하레아카라 휴렌

이상한 이메일이었다. 신성과 이야기를 나눈다고? 그에 대해서나 그의 방법에 대해서 판단을 내리기에는 일렀다. 더 알아야만 했다.

나는 즉시 이메일을 보내 상담을 의뢰했다. 비용은 150달러였다. 그 정도는 얼마든지 감수할 용의가 있었다. 그렇게도 찾아 헤매던 기적의 심리학자와 연락이 닿았는데 150달러쯤이야!

그에게 물어볼 내용에 대해 생각해 봤다. 나는 인생을 그럭저럭 잘 꾸려 왔다. 책도 냈고 대부분의 사람들이 꿈꾸는 성공과 차, 가정, 배우자, 건강과 행복을 손에 넣었다. 한 가지 걸리는 게 있다면 몸무게 40킬로그램 감량에 성공해서 몸 상태가 많이 호전되기는 했지만 아직 6~7킬로그램 정도를 더 빼야 한다는 사실이었다. 나는 여전히 힘겨운 싸움을 벌이고 있는 체중 감량 문제를 휴렌 박사와 의논하기로 했다. 이메일을 보낸 지 24시간이 지나지 않아 답장이 도착했다.

조, 답장 잘 받았습니다.
"그 사람 괜찮아." 하는 음성이 제게 들려오더군요.
당신의 몸과 이야기를 나눠 보세요. 그리고 몸에게 말씀해 보세요.
"난 있는 그대로의 너를 사랑해. 나와 함께해 줘서 고마워. 어떤 식으로든 내가 널 학대한다고 느꼈다면 부디 날 용서해 줘."
하루 중 어느 때라도 당신의 몸을 찾아가세요. 사랑과 감사의 시간이 되어야 합니다.
"나를 데려다 줘서 고마워. 숨 쉬어 줘서 고마워. 심장이 뛰게 해 줘서 고마워."
당신의 몸을 하인이 아닌 인생의 파트너로 바라보세요. 아이에게 하듯 당신의 몸에게 말을 거십시오. 친구가 되십시오. 물을 많이 마시면 효과를 발휘할 겁니다. 당신은 배가 고프다고 느낄지 모르지만 당신의 몸은 목이 마른 걸지도 모르니까요.
블루 솔라 워터Blue Solar Water를 마시면 무의식 속에서 되풀이되며 문제를 일으키는 기억들을 변화시킬 수 있답니다. 몸이 '순응하고 자신을 신에게 맡기도록' 만들죠. 우선 파란 유리병을 하나 구하세요. 거기에 수돗물을 채운 다음 입구를 코르크 마개나 셀로판지로 봉하십시오. 그 것을 햇빛이나 백열등 밑에 최소한 한 시간 정도 놓아 두었다가 마셔 보세요. 그리고 그 물로 목욕이나 샤워를 하세요. 요리나 빨래에 사용해도 좋습니다. 뭐든 가능하죠. 커피나 핫초코를 만들어 드셔도 좋습니다.

당신의 이메일에서 우아한 소박함이 느껴지네요. 독보적인 재능이죠.

고향으로 향하는 여정 속에서 동료 여행자로서 다시 조우하기를 바랍니다.

모든 이해를 넘어선 평화가 당신께 있기를 바라며.

나의 평화

— 이하레아카라

나는 그의 메시지가 주는 평화로움을 만끽하면서도 한편으로는 점점 더 많은 걸 원하게 됐다. 이게 그의 상담 방식일까? 그는 정말로 이런 식으로 정신병원의 환자들을 고쳤을까? 만약 그렇다면 중요한 무언가가 빠진 게 아닐까? 체중 감량에 대한 고민에 빠진 사람들이 모두 그에게서 이런 메일을 받았다면, 과연 그들

중 얼마나 많은 사람들이 이를 최종적인 해결책으로 받아들일까? '당신은 괜찮아요.'라는 말이 모든 문제에 대한 해결책이 될 수는 없지 않은가.

나는 답장을 보내 좀 더 자세한 설명을 요구했다. 이번에 돌아온 그의 답장은 이러했다.

조에게.

평화는 내게서 시작됩니다.

문제는 내 무의식 속에서 재생되는 기억입니다. 나의 문제는 그 누구와도 어떤 장소나 상황과도 무관합니다. 그건 셰익스피어가 그의 소네트에서 "예전의 비통한 사연"이라고 표현했던 시구절과도 일맥상통하지요.

기억들이 반복적으로 문제를 일으킬 때 나에겐 선택권이 있습니다. 그것들에 얽매인 채로 지내거나, 그것들을 변화시키고 풀어내 달라고 신성에 호소를 하는 것이지요. 그러면 내 마음을 최초의 제로 상태, 즉 공*의 상태, 기억으로부터 자유로운 상태로 재충전할 수 있습니다. 내가 기억으로부터 자유로워졌을 때 나는 신성이 나를 창조할 당시의 바로 그 상태, 신성한 자아가 됩니다.

내 무의식은 제로 상태에 있을 때 시간도 공간도 죽음도 초월해서 무한해집니다. 기억이 지시를 내릴 때는 시간과 장소, 골칫거리들, 불확실성, 혼돈, 생각, 대처, 관리 등에 집착하게 됩니다. 기억에게 주도권을 넘겨주는 것은 신성과의 연계는 물론이고 명료한 마음을 포기하는 것입니다.

연계 없이는 영감도 없으며, 영감이 없으면 목적도 있을 수 없습니다.

나는 사람들과 일하면서 언제나 내 무의식 속에서 인식, 생각, 반응으로 되풀이되는 기억들을 변화시켜 달라고 신성에게 간청하고 있습니다. 제로 상태에서는 신성이 내 무의식과 의식 세계를 영감으로 가득 채워 내 영혼은 신성이 경험하는 것처럼 사람들을 경험하게 됩니다.

신성과 함께하면 내 무의식 속에서 기억들이 변화되고, 이것은 다시 모든 이들의 무의식 속 기억들도 변화시킵니다. 사람들뿐만이 아닙니다. 광물과 동물, 식물 등 보이든 보이지 않든 모든 형태의 존재들이 변화합니다. 평화와 자유가 나로부터 출발한다는 것을 깨닫는 건 얼마나 멋진 일인지요.

나의 평화.

― 이하레아카라

나는 여전히 그의 말이 이해가 안 갔다. 답장을 쓰면서 나는 혹시 나와 함께 일할 수 있는지, 그가 하는 일을 책으로 펴낼 수 있겠는지 물어보았다. 그가 자신의 비결을 털어놓는 것이 마땅하다는 생각이 들었다. 정신병원에서 벌어진 일들에 대해 이야기하고 자신의 치유법을 알려 준다면, 그것이 곧 다른 사람들을 돕는 일이라고 나는 말했다. 그리고 내가 주도적으로 일을 진행하겠다는 말도 덧붙였다.

그에게 이메일을 띄우고 기다리니 이런 답장이 왔다.

조에게.

평화는 내게서 시작됩니다.

인류는 타인을 도움과 지원이 필요한 존재로 인식하는 기억을 축적하고 그것에 집착해 왔습니다. 호오포노포노는 문제들이 우리 안에 있지 않고 '외부'에 존재한다고 말하는 기억들을 우리의 무의식 속에서 해방시키기 위한 것입니다.

우리들 모두는 이미 만들어진 '예전의 비통한 사연'에 젖어 있습니다. 문제를 일으키는 이 기억들은 사람들이나 장소, 상황과는 무관합니다. 문제는 자유로워질 수 있는 기회입니다.

호오포노포노의 가장 큰 목표는 자아를 재충전해서 신성에서 비롯한 지혜의 자연스러운 리듬을 회복하는 것입니다. 그렇게 본래의 리듬을 재구축했을 때 제로의 문이 열리고 영혼은 영감으로 충만해집니다.

이제까지 호오포노포노를 수행한 사람들은 대부분 다른 사람들과 그 정보를 나누고 싶어 했습니다. 다른 사람들을 돕고 싶은 마음이 들기 때문이죠. '내가 그들을 도울 수 있다'는 인식에서 벗어나기란 참으로 어렵습니다. 하지만 사람들에게 호오포노포노를 '설명'한다고 해서 문제를 일으키는 기억들을 해방시킬 수는 없습니다. 몸소 체험해야 가능한 것이지요. '예전의 비통한 사연'을 청산하고자 한다면 우리는 물론이고 모든 사람, 모든 것들 역시 좋아질 겁니다. 때문에 우리는 사람들이 다른 사람들과 호오포노포노에 대한 정보를 공유하는 것을 권하지 않습니다. 대신 타인에 대한 생각을 그치고 우선 그들 자신을 해방시킨 뒤에 다른 사람들을 돌아보는 것을 권하고 있습니다.

평화는 내게서 시작됩니다.

나의 평화.

— 이하레아카라

나는 다시 이메일을 보내며 통화를 할 수 있겠느냐고 물었다. 다행히 그는 흔쾌히 승낙했고, 우리는 며칠 뒤 금요일에 전화 인터뷰를 하기로 약속했다. 어찌나 흥분이 되던지 친구 마크 라이언에게 편지를 보내 이 소식을 알렸다. 마침내 내가 그 베일에 싸인 하와이 주술사와 연락이 닿아 직접 이야기를 나눌 수 있게 되었다고, 마크 역시 나 못지않게 흥분했다. 마크와 나는 앞으로 펼쳐질 일을 무척이나 궁금해했다. 그리고 그 기대감과 짐작을 훨씬 뛰어넘을 만큼 놀라운 일이 우리를 기다리고 있었다.

첫 번째 대화

인간은 누구나 자기 상상력의 한계를 세상의 한계라고 생각한다.
— 아르투어 쇼펜하우어

2005년 10월 21일, 나는 마침내 휴렌 박사와 직접 통화했다.

그의 본명은 이하레아카라 휴렌이었다. 그는 자신을 'E'라고 부르라고 했다. 'E'와 나의 통화는 한 시간가량 걸렸던 것 같다. 나는 그에게 심리치료사로서의 자신의 행적을 처음부터 끝까지 들려 달라고 부탁했다.

그는 하와이 주립 종합 병원에서 3년 동안 일했다고 했다. 정신병을 앓는 범죄자들을 수용한 그 병동은 위험한 곳이어서 정신분석의들은 한 달을 못 버티고 그만두기 일쑤였다. 직원들은 아파서 결근하는 일이 다반사였고 결근을 하다못해 아예 그만둬 버리는 사람도 많았다. 사람들은 그 병동을 통과할 때마다 환자들이 덤벼들까 무서워 벽에 등을 붙이고 지나갈 정도였다. 그곳은 거주지로도, 일터로도, 방문할 곳으로도 결코 유쾌한 곳은 아니었다.

휴렌 박사, 아니 'E'는 한 번도 치료를 목적으로 환자를 만난 적이 없다고 말했다. 환자들을 '진료'해 본 적이 없다는 뜻이었다. 단지 기록을 살펴보면서 치유 작업을 실행했다고 했다. 그가 혼자 치유 과정을 시작하면 환자들이 낫기 시작했다는 것이다.

이야기는 점점 더 흥미진진해졌다.

"몇 달이 지나자 수갑을 찼던 환자들이 자유롭게 걸어 다니도록 허용이 됐지요. 독한 약을 먹었던 사람들도 복용하는 약이 줄어들었고요. 통제 없이 절대 자유롭게 돌아다니지 못하던 환자들이 자유롭게 돌아다니게 되었습니다."

나는 입이 떡 벌어졌다.

"변화는 그뿐만이 아니었습니다. 직원들도 즐겁게 일을 하기 시작했어요. 결근과 이직이 사라졌죠. 마지막에는 퇴원하는 환자들이 늘어나는 바람에 필요한 인원보다 직원들이 남아돌게 되었는데도 그 모든 직원들이 한 사람도 빠짐없이 일을 하러 나왔어요. 현재 그 병동은 폐쇄되었습니다."

"어떤 마음을 품었기에 그 사람들을 변화시킨 겁니까?"

"내가 그들과 공유한 부분을 정화한 것뿐입니다."

그의 말은 선뜻 이해가 되지 않았다.

휴렌 박사는 "내 인생의 모든 것은 내 인생 안에 있기 때문에 내 인생은 전적으로 나의 책임"이라고 설명했다. 이를테면 내가 온 세상의 창조자란 것이다.

납득하기가 정말 힘들었다. 내가 한 말이나 행동에 대해서 책임을 지는 것과 내 인생 안의 모든 사람들이 한 말이나 행동에 대해서도 책임지는 것은 엄연히 다르지 않은가?

결론부터 말하자면, 그의 말은 진실이었다. 내 인생을 전적으로 책임진다는 것은 보고 듣고 맛보고 만지고 경험하는 모든 것이 내 책임이라는 말이다. 그것들은 모두 '내 인생 안에' 존재하기 때문이다. 테러리스트나 대통령, 경제 상황 등 내 마음에 들지 않는 모든 일들 역시 그에 대한 치유의 책임은 바로 나에게 있다. 말하자면 그것들은 내 안의 투영된 형태로 존재할 뿐이기에, 문제는 그들에게 있는 것이 아니라 나에게 있는 것이다. 그들을 변화시키려면 나 자신부터 변해야 한다.

휴렌 박사로부터 처음 이런 이야기를 들었을 때 솔직히 수용하기는커녕 이해하기조차 힘들었다. 책임지는 일보다 원망하고 비난하는 쪽이 훨씬 더 쉬운 법이니까. 하지만 그와 이야기를 나누면서 깨달았다. 그에게 치유, 즉 호오포노포노란 '자신을 사랑하는 것'을 의미한다는 것을. 내 인생을 개선하고 싶다면 우선 내 인생을 치유해야 하듯, 누군가를 고치고 싶다면 그가 정신병을 앓는 범죄자라 할지라도 우선 나 자신부터 치유하면 그들을 치유할 수 있다는 것을.

나는 휴렌 박사에게 그가 어떻게 자신을 치유했는지 물었다. 정확히 말해 그가 그 환자들의 기록을 보면서 어떤 행동을 했느냐는 뜻이었다.

"그냥 '미안합니다'와 '사랑합니다'라는 말만 하고 또 계속했습니다."

"그게 다인가요?"

그게 다였다. 나 자신을 사랑하는 것이 나 자신을 개선하는 최선의 방법이며, 나 자신을 개선하면 내 세상을 개선할 수 있다.

휴렌 박사는 자신에게 어떤 일이 닥치든 신성에게 기대어 그것을 해방시켜 달라고 간청한다고 했다. 그는 언제나 믿음을 잃지 않았고, 그것은 언제나 통했다. 휴렌 박사는 자신에게 묻곤 했다.

"내 안의 무엇이 이 문제를 일으키는 걸까?"

"어떻게 하면 이 문제를 바로잡을 수 있을까?"

내면에서 시작하여 외부로 나아가는 이 치유법이 바로 호오포노포노다. 호오포노포노의 효시는 하와이에 파견된 선교사들에게 강한 영향을 받아 탄생한 듯했다. 초기에는 사람들이 고민을 털어놓도록 유도해서 치유를 도와주는 중재자가 있었다. 하지만 현대 호오포노포노는 그런 중재자가 필요 없다. 치유의 모든 과정이 사람들의 마음속에서 일어나기 때문이다. 흥미로웠다. 나는 점차 그의 말이 이해되기 시작했다.

휴렌 박사는 자신의 치료에 대한 어떤 자료도 갖고 있지 않았다. 나는 그에게 책을 써 보라고 제안했지만 그는 관심을 보이지 않았다. 다만 토르 노레트랜더스의 『사용자 환상』을 읽어 보라고 권할 뿐이었다. 책벌레인 나는 곧장 인터넷으로 그 책을 주문해 책이 도착하자마자 빠르게 탐독해 나갔다. 우리의 의식은 실제로 일어나는 일들을 잘 인지하지 못한다는 게 그 책의 논지였다. 노레트랜더스는 이렇게 주장한다.

"매 초마다 수백만 비트의 정보가 우리의 감각기관을 통해 흘러 들어온다. 하지만 우리의 의식은 기껏해야 초당 40비트 정도만 처리할 수 있기 때문에 수백만 비트의 정보는, 실제로는 정보라고도 할 수 없는 의식적인 경험으로 줄어들어 버린다."

휴렌 박사의 말에 의하면, 우리는 어떤 순간에도 그 순간 일어나는 일들에 대해 완전하게 자각하지 못한다. 그렇기 때문에 우리가 할 수 있는 일, 즉 믿음의 방향을 바꾸는 일이 필요한 것이다. 그것은 바로 '내 삶의 모든 것은 전적으로 내 책임'이라는 믿음이다. 휴렌 박사는 자기 자신을 정화하는 것이 그가 하는 일의 전부라고 말했다. 그가 자신을 정화할 때 비로소 세상은 깨끗해진다. 그가 바로 세상이기 때문이다. 외부의 모든 것들은 투사된 환영에 불과하다.

아마 이 이야기를 '눈에 보이는 외부 세상은 내 삶의 그림자'라는 융 학파의 주장과 흡사한 사상으로 받아들이는 독자가 있을지도 모르겠다. 하지만 휴렌 박사는 그 이상의 것을 설명하는 듯하다. 그에게 외부를 변화시키는 방법은 단 하나다. 신성에게 '사랑합니다'라고 말하는 것. 신이란 하느님, 인생, 우주, 등 어떤 용어로 표현을 하든 총체적이고 고차원적인 힘을 의미한다.

엄청난 대화였다. 휴렌 박사는 나를 전혀 알지 못하면서도 내게 상당한 시간을 할애해 주었다. 대화 내내 나는 혼란스러웠다. 일흔이 다 된 그는 어떤 사람에게는 살아 있는 현자이겠지만, 어떤 사람들에게는 미치광이로 비칠 게 틀림없었다.

처음에는 휴렌 박사와 통화를 하게 되었다는 사실에 그저 기쁜 마음뿐이었지만 갈수록 궁금한 것이 많아졌다. 한편으로는 그가 무슨 말을 하는지 명쾌하게 이해가 되지 않아 그를 밀어내거나 무시하고 싶은 충동이 일어나기도 했다. 하지만 정신병을 앓는 범죄자들처럼 이른바 '가망 없는 환자'를 전혀 색다른 방식으로 치료했다는 그의 경험이 나를 붙잡고 놓아 주지 않았다.

나는 휴렌 박사가 곧 개최할 세미나에 대해 물었다.

"내가 거기서 얻을 게 있을까요?"

"무엇을 얻든 얻어야 할 걸 얻게 될 겁니다."

무엇을 얻든 얻어야 할 것을 얻는다니! 나는 그의 말이 70년대 자기계발서에나 나오는 구태의연한 말투로만 들렸다.

"세미나에 몇 명이나 참석합니까?"

내가 다시 물었다.

"나는 계속 정화를 하고 그곳에는 올 준비가 된 사람들만 옵니다. 삼십 명에서 오십 명쯤 될까요? 아무도 모르죠."

전화를 끊기 전, 나는 마지막으로 이메일 끝인사에 뭐가 특별한 뜻이 있냐고 물었다. 그는 이렇게 대답했다.

"'나의 평화'는 모든 이해를 넘어선 평화를 뜻합니다."

지금의 나는 이 말의 의미를 완전히 이해하고 있지만 당시에는 전혀 이해하지 못했다.

Zerolimits

의지에 관한 충격적인 진실

주관적인 내면의 삶은 인간인 우리에게 정말 중요하다.
하지만 우리는 그것이 어떻게 발생하며 우리의 의지가 발동하도록
그것이 어떻게 기능하는지 거의 알지 못한다.
— 벤자민 리벳, 『마음의 시간』 중에서

휴렌 박사와의 첫 통화 이후 내 궁금증은 더욱 부풀어 갔다. 내가 몇 주 후에 열릴 세미나에 대해서 물었을 때, 박사는 그 강좌를 꼭 들어야 한다고 내게 강요하지 않았다. 단지 자신은 계속 정화를 하기 때문에 올 사람은 강의에 오게 되어 있다고 말했을 뿐이다. 그가 원하는 건 북적대는 강의실이 아니라 열린 마음들이었다. 그는 우리 모두보다 큰 존재, 큰 힘을 뜻하는 '신성'이라는 말을 즐겨 사용했는데 그 신성이 조율을 한다고 믿고 있었다.

마크 라이언에게 강의에 참석할 의사를 묻자 그는 흔쾌히 그러고 싶다고 말했다. 나는 세미나에 참석하기 전 몇 가지를 조사했다. 이 심리치료사가 쓰는 방법이 널리 알려진 하와이 치료법

인 후나^{Huna}(하와이 말로 '숨겨진 것' 또는 '비밀 지식'이라는 뜻으로 사랑과 접속, 화합, 평화를 중시하는 사상—옮긴이)와 관계가 있지 않을까 하는 의문이 들었기 때문이다. 후나는 사업가에서 작가로 변신한 맥스 프리덤 롱이 하와이식 심령술을 변형해서 창안한 것이었다. 나는 롱의 책을 구해 읽어 보았다. 흥미로운 책이었지만 내가 주목하고 있는 이 심리치료사와는 무관해 보였다.

조사를 하면 할수록 휴렌 박사에 대한 호기심은 커져만 갔다. 나는 비행기를 타고 날아가 그 치료사와 대면할 날만을 손꼽아 기다렸다.

세미나가 열리기 며칠 전 나는 로스앤젤레스로 가서 마크를 먼저 만났다. 드디어 세미나 당일 아침이 밝았다. 아침을 먹으며 심오한 얘기를 나누는 중에도 우리 둘의 마음은 이미 세미나장에 가 있었다. 행사장으로 들어섰을 때에는 서른 명가량이 줄을 서 있었다. 나는 연신 까치발을 하고 사람들 머리 너머로 베일에 싸인 심리치료사를 찾아 두리번거렸다. 마침내 문 앞에 당도했을 때, 휴렌 박사가 내게 인사를 건넸다.

"알로하, 죠셉."

그가 손을 내밀며 말했다. 말투는 부드러웠지만 카리스마와 권위가 풍겼다. 편안한 면바지 차림의 박사는 운동화를 신고 셔

츠 위에 양복 상의를 걸치고 있었다. 그리고 야구 모자를 쓰고 있었는데 나중에 알고 보니 그 모자는 그의 트레이드마크였다.

"알로하, 마크."

마크에게도 인사를 건넨 휴렌 박사는 우리에게 비행기 여행이 어땠느냐고 물었고 우리는 텍사스에서 로스앤젤레스까지의 비행기 여행을 화제로 담소를 나누었다. 나는 이 남자가 금세 좋아졌다. 어딘가 모르게 흐르는 차분한 자신감과 할아버지 같은 분위기가 나와 잘 통할 것만 같았다.

휴렌 박사는 정시에 강의를 시작했다. 세미나가 시작되자마자 그는 나를 지목했다.

"죠셉, 컴퓨터에서 뭔가를 삭제하면 그것이 어디로 가지요?"

"모르겠는데요."

내 대답에 모두들 웃음보를 터트렸다.

"컴퓨터에서 뭔가를 지우면 그것이 어디로 가죠?"

그가 청중을 향해 다시 한 번 물었다.

"휴지통이죠."

누군가 소리쳤다.

"맞습니다. 그것은 여전히 컴퓨터 안에 남아 있죠. 하지만 눈에 보이지는 않아요. 여러분의 기억도 그렇습니다. 기억들은 여전히 여러분 안에 있지만 눈에 보이지 않습니다. 그래서 완전히,

영원히 지워야 합니다."

강의는 흥미진진했지만 도대체 무슨 말인지, 그래서 뭘 어쩌겠다는 건지 알 수 없었다. 왜 기억들을 영구히 삭제해야 한단 말인가?

"인생을 사는 데는 두 가지 길이 있습니다. 기억으로 사느냐, 영감으로 사느냐. 기억은 쉼 없이 재생되는 오래된 프로그램입니다. 반면 영감은 신이 여러분에게 주는 메시지이죠. 여러분은 영감을 받으며 살고 싶을 겁니다. 신의 목소리를 듣고 영감을 얻는 유일한 길은 모든 기억을 청소하는 것입니다. 여러분이 해야 하는 일은 정화입니다."

휴렌 박사는 오랜 시간을 들여 신성이 어째서 아무것도 없는 제로 상태인지를 설명했다. 기억이 없고 정체성이 없는 제로 상태에서는 한계 또한 있을 수 없다. 오로지 신성만 존재할 뿐, 신성 외에는 아무것도 존재하지 않는다. 우리는 살면서 어쩌다가 무한한 상태에 도달하기도 하지만 대부분은 흔히 '기억'이라 불리는 쓰레기더미 속에 파묻혀 삶을 보낸다.

"정신병원에서 일하던 시절, 나는 종종 환자들의 진료 기록을 살펴보곤 했습니다. 내 안에서 고통이 느껴지더군요. 그것은 공유된 기억이었습니다. 다시 말해 환자들로 하여금 이상 행동을 하게 만드는 프로그램이었습니다. 그들에게는 통제권이 없었습니다. 프로그램에 사로잡혀 있었던 것이죠. 나는 그런 프로그램들을 감지하고 그것을 정화했습니다."

그는 우리에게 여러 가지 정화 방법을 전해 주었다. 그중 휴렌 박사가 가장 많이 사용해 왔고 여전히 사용하고 있으며 나 역시 현재 사용하고 있는 방법 하나를 소개하겠다.

간단하다. 네 가지 말을 신성에게 끊임없이 전하는 것이다.

'사랑합니다.'

'미안합니다.'

'용서해 주세요.'

'고맙습니다.'

그 세미나에 참석하는 동안 '사랑합니다'라는 말이 내 머릿속에 자리를 잡고 속삭이기 시작했다. 가끔 잠에서 깰 때 머릿속에 노래 한 구절이 맴도는 것처럼, 나는 사랑한다는 속삭임을 들으며 잠에서 깨어났다. 내가 그 말을 하든 안 하든 그 말은 내 머릿속에 있었다. 아름다운 느낌이었다. 그것이 어떻게 무엇을 정화하는지는 알 수 없었지만 어쨌든 정화는 이루어졌다. '사랑한다'는 말이 어떻게, 어떤 식으로든 해를 끼칠 수 있겠는가?

휴렌 박사는 강의 중에 다시 한 번 나를 지목하고 물었다.

"죠셉, 무엇이 기억이고 무엇이 영감인지 어떻게 구분하지요?"

내가 그 질문을 잘 이해하지 못하자 그가 다시 물었다.

"어떤 사람이 암에 걸렸을 때 그것이 스스로 생긴 것인지, 아니면 신이 그를 도우려고 준 시련인지 어떻게 알 수 있을까요?"

잠시 동안 나는 말없이 그의 질문을 곱씹어 보았다. 어떤 사건이 내 마음에서 비롯된 것인지, 신의 마음에서 비롯된 것인지 어떻게 알 수 있을까?

"잘 모르겠습니다."

내가 말했다.

"저 역시 모릅니다."

휴렌 박사가 말했다.

"그것이 바로 우리가 계속 정화하고, 정화하고 또 정화해야 하는 이유입니다. 우리는 어떤 것이든 모조리 정화해야 합니다. 어떤 것이 기억이고 어떤 것이 영감인지 알 수 없기 때문이지요. 우리는 정화를 함으로써 무한대, 즉 제로 상태에 이를 수 있습니다."

우리의 마음에는 세상에 대한 좁은 시야가 존재하는데, 그 시야는 불완전할 뿐 아니라 부정확하다고 휴렌 박사가 말했다. 처음에 나는 그 의견에 동의하지 않았지만 가이 클랙스턴Guy Claxton의 『비틀린 마음The Wayward Mind: The Intimate History of the Unconscious』을 읽고 나서 생각이 달라졌다.

그 책에 소개된 여러 실험들은 우리가 의식적으로 무엇을 결정하기에 앞서 두뇌에 의해 지시를 받는다는 사실을 입증했다. 그중 벤자민 리벳Benjamin Libet이라는 저명한 신경생리학자가 실시한 실험이 특히 인상적이었다. 그는 사람들에게 뇌전도(뇌신경 세포의 전기 활동을 그래프로 기록한 그림) 기계를 설치하고 그들의 뇌에서 어떤 일이 벌어지는지를 관찰한 결과, 뭔가를 하겠다는 의식적인 의지가 생기기 전에 이미 두뇌 활동이 일어난다는 것을 밝혀냈다. 이로써 의지는 무의식으로부터 비롯되며 의식적인 인지 단계는 그 다음이라는 추론이 나오게 된다. 클랙스턴은 "움직이려는 의지는 실제 동작이 시작되기 전 5분의 1초 먼저 일어나지만 두뇌상의 파동은 그 의지보다 3분의 1초 앞서 나타난다는 것을 발견했다."는 벤자민 리벳의 말을 소개했다.

윌리엄 어빈William Irvine은 그의 저서 『욕망에 관하여On Desire: Why We Want What We Want』에서 "이런 실험들은 우리의 선택이 의식의 차원에서 합리적으로 이루어지는 것이 아님을 시사한다. 의지는 무의식으로부터 의식의 표면 위로 솟아오르고 나서야 비로소 우리의 것이 된다."고 말했다.

그리고 놀라운 실험들로 세간의 화제가 되었던 벤자민 리벳 역시 그의 책 『마음의 시간Mind Time: The Temporal Factor in Consciousness』에서 "행동하려는 의지가 무의식적으로 나타나는 것은 의식적으로 통제가 불가능하다. 오직 동작의 마무리 단계에서만 의식의 통제를 받는다."고 밝혔다.

말하자면 당신이 서점에서 이 책을 집어 든 충동 역시 의식적으로 선택한 듯 보이지만 사실은 당신의 두뇌가 먼저 이 책을 집으라는 신호를 보낸 뒤, '이 책은 흥미로워 보이는군. 이걸 사야겠어'라는 의식적인 마음이 따라왔다는 것이다. 당신은 이 책을 사지 않을 수도 있었고, 또 어떤 면에서는 사지 않는 것이 합리적인 결정일 수도 있었다. 그러나 지갑을 열라고 쿡쿡 찌르는 그 최초의 신호를 결코 통제할 수는 없었을 것이다.

믿기 힘들다는 것을 안다. 하지만 클랙스턴은 이렇게 말한다. "의지는 의식 속에서 태어나지 않는다. 의식 속에서 계획이 탄생하지도 않는다. 의지는 예감이며, 의식 세계의 한쪽 구석에서 깜박거리며 앞으로 일어날 일을 가리키는 상징이다."

'분명한 의지'란 기껏해야 '분명한 예감'에 지나지 않는다.

바로 이 대목에서 나는 골치가 아파 왔다. 우리의 생각이라는 것은 어디서 오는 걸까?

나는 내 책 『돈을 유혹하라』에서 의지의 힘을 강조했었고, 영화 〈시크릿〉에서도 그에 대한 이야기를 다룬 바 있었다. 그랬기 때문에 의지가 내 선택권 밖에 있다는 말은 큰 충격이 아닐 수 없었다. 결심을 하고 행동에 옮겼다고 생각하지만 그것이 이미 두뇌에서 일어난 충동이 가시화된 것에 불과하다니!

그렇다면 무엇이, 혹은 누가 내 두뇌에 그 의지를 보냈을까? 주도권이 누구에게 있느냐는 내 질문에 휴렌 박사는 웃으며 이렇게 되물었다.

"글쎄요, 답이 뭘까요?"

의지에 관한 이야기는 여전히 나를 혼란스럽게 만들었다. 앞서 언급했지만 나는 살을 빼기로 독하게 마음먹고 40여 킬로그램을 감량하는 데 성공했다. 그렇다면 내가 그때 결심을 했기 때문에 살을 뺀 걸까, 아니면 내 머릿속의 신호에 반응해서 살을 뺀 걸까? 그것은 영감이었나, 기억이었나? 나는 휴렌 박사에게 편지를 썼고, 그는 다음과 같은 답장을 보냈다.

제로에는 아무것도 존재하지 않습니다. 어떤 문제도, 의지에 대한 필요조차도 존재하지 않습니다.

체중에 대한 걱정은 단지 기억이 재생된 것에 불과합니다. 바로 이런 기억들이 제로의 자리를 차지하는 겁니다. 제로로 돌아가기 위해서는 체중에 대한 걱정 뒤에 도사린 기억들을 신성이 제거하도록 만들어야 합니다. 두 가지만이 경험을 지배합니다. 신성으로부터 나온 영감과 무의식 속에 축적된 기억, 전자는 새로운 것이고 후자는 묵은 것이죠. 예수님은 이렇게 말했다고 합니다.

"너희는 먼저 왕국(제로)을 구하라. 그리하면 이 모든 것을(영감) 너희에게 더하시리라."

제로는 당신과 신성이 거하는 곳이자, 부와 건강과 평화라는 모든 축복이 흘러나오는 원천입니다.

나의 평화.

— 이하레아카라

휴렌 박사는 의지의 뒤편에 숨겨진 근원, 한계가 없는 제로 상태로 향하고 있었다. 우리는 그곳으로부터 기억이나 영감을 경험한다. 체중에 대한 걱정은 기억이다. 내가 해야 할 일은 그것을 사랑하고 용서하고 감사하는 일뿐이었다. 그것을 정화한다면 신성이 영감과 함께 흐를 수 있는 기회를 얻는다.

거의 전 생애에 걸쳐 내게 비만의 족쇄를 채웠던 과식의 욕구는 하나의 '프로그램'이었다. 그것은 무의식에서 솟아난다. 내가 그것을 정화하지 않는 한 계속해서 그곳에 머무를 것이다. 그것이 계속 표면으로 떠오르는 동안 나는 선택을 강요받는다. 과식을 할 것인가 말 것인가. 이 싸움은 죽을 때까지 멈추지 않기 때문에 절대 유쾌한 일은 못 된다. 물론, 그런 충동에 대해 '안 돼'라고 외칠 수는 있다. 하지만 분명한 것은 그러기 위해서는 막대한 에너지와 노력이 필요하다는 점이다. 적절한 때에 충동을 제어하는 새로운 습관을 들일 수도 있겠지만 그러려면 얼마나 많은 땀을 흘려야 하는가! 대신 기억을 정화하면 그것은 하루아침에 사라진다. 과식의 욕구는 더 이상 표면 위로 떠오르지 않고 오직 평화만이 남는다.

간단히 말해, 의지는 영감에 비하면 마치 헝겊 인형처럼 무기력하다. 뭔가를 하려고 결심할수록 나는 현실과 계속 싸워야만 했다. 하지만 영감에 나를 내맡기자 인생이 바뀌었다.

하지만 나는 섣불리 이것이 세상의 이치라고 확신할 수 없었다. 게다가 의지의 힘에 대한 이야기는 계속해서 나를 혼란스럽게 했다. 나는 탐험을 계속하기로 결심했다.

"그 영화에 대한 아이디어를 구상하셨나요? 아니면 저절로 그 아이디어가 떠오르던가요?"

영화 〈시크릿〉의 제작자 겸 프로듀서이자 동명 도서의 저자인 론다 번$^{Rhonda\ Byrme}$과 저녁 식사를 함께하면서 나는 평소에 궁금했던 것을 물었다.

그녀가 제작한 영화의 예고편은 이메일을 통해 입소문을 타고 알려지면서 '시크릿 신드롬'을 일으킬 정도로 성공적인 반응을 불러 일으켰다. 언젠가 그녀는 내게 영화 예고편에 대한 아이디어가 별안간, 단 몇 초 만에 떠올랐고 고작 10분 만에 그것을 완성했다고 말한 적이 있었다. 분명 그녀는 어떤 영감을 얻었고, 그로 인해 역사상 길이 남을 영화 예고편이 탄생했던 것이다.

하지만 나는 영화에 대한 결정적인 아이디어가 오로지 영감에서 얻어진 것인지, 아니면 다른 이유가 있었는지 분명히 알고 싶었다. 그에 대한 대답이 의지에 관한 내 의문을 시원하게 풀어 주지 않을까 싶었다. 의지가 변화를 만드는가, 아니면 아이디어가 떠오른 후에 그것을 의지라 부르는가. 함께 식사를 하는 동안 나는 그 점에 대하여 중점적으로 물었다.

론다는 오랫동안 말이 없었다. 그녀는 시선을 돌린 채 내 질문에 대해 곰곰이 생각하며 자신의 내부에서 해답을 찾았다. 마침내 그녀가 입을 열었다.

"잘 모르겠어요. 분명한 건 그 아이디어가 내게 떠올랐다는 거예요. 하지만 그 일을 한 건 나죠. 내가 그것을 만들었으니까요. 그러니까 내가 그 일이 일어나도록 만들었다고 말할 수 있겠죠."

그녀의 대답은 의미심장했다. 아이디어가 그녀에게 떠올랐다는 것은 그것이 그녀에게 영감으로 다가왔다는 뜻이었다. 그 영화가 보유한 강력한 매력과 높은 완성도, 뛰어난 마케팅을 생각하면 그 모든 것이 신성의 작품이라고 믿을 수밖에 없다. 그렇다. 론다는 해야 할 일을 했을 뿐이다. 하지만 그 아이디어 자체는 영감으로 다가왔다.

〈시크릿〉은 개봉하고 몇 개월 만에 역사적인 관객 수를 기록하며 소문이 자자해졌다. 론다는 영화의 모든 출연진에게 이메일을 보내 "이제 이 영화는 스스로 생명력을 얻었다."고 말했다. 이제 그녀에게는 걸려 오는 전화를 받고 굴러 들어오는 기회들을 붙잡는 일만 남아 있었다. 영화와 같은 제목의 책이 출판되었고, 〈래리 킹 쇼〉에서 영화 속의 아이디어를 집중 조명함으로써 힘을 실어줬다.

한계가 없는 제로 상태에서 출발한다면 의지는 중요하지 않다. 그냥 수용하고 행동하면 되는 것이다.

그렇게 기적은 일어난다.

주의해야 할 것은 우리 스스로 영감을 막아버리는 경우도 있을 수 있다는 사실이다.

가령 론다는 그 영화를 만들어야 한다는 충동을 억누르고 무시해 버릴 수도 있었다. 이른바 자유의지의 발동이라는 명목 하에

말이다. 어떤 것을 하라는 아이디어가 머릿속에 떠올랐을 때, 그것이 영감이든 기억이든 그 충동을 인식한다면 그것을 행동에 옮길 수도 있고 아닐 수도 있다.

제프리 슈바르츠Jeffrey Schwartz는 그의 저서 『마음과 두뇌The Mind and the Brain』에서 우리의 의식적인 의지, 즉 선택하는 힘은 무의식 속에서 일어나는 충동을 거부할 수 있다고 말했다. 말하자면 당신이 이 책을 집어 들려는 충동을 억누를 수 있었다는 뜻이다. 그것이 자유의지free will이며, 슈바르츠의 표현을 빌리자면 '자유 거부 의지free won't'다.

슈바르츠는 "리벳은 훗날 자유의지가 두뇌에 떠오르는 생각들을 걸러내는 문지기로 작용한다는 개념을 수용했으며 그것이 야기하는 도덕성 시비를 회피하지 않았다."고 썼다.

전설적인 심리학자 윌리엄 제임스William James는 어떤 충동이 생긴 후, 그것을 실제로 행동에 옮기기 전에 자유의지가 일어난다고 생각했다. 다시 말하면 충동에 대해 우리가 '좋아' 혹은 '안 돼'라고 말할 수 있다는 뜻이다. 하지만 여간 정신을 똑바로 차리지 않고서는 그 일에 대한 가부可否를 결정하기 어렵다. 휴렌 박사가 내게 가르치려고 했던 것은 영감이든 기억이든 모든 생각들을 계속 정화함으로써 올바른 선택을 용이하게 하려는 것이었다.

내가 체중 감량에 성공할 수 있었던 이유는 더 많이 먹고 적게 운동하라고 나를 유혹하는 기억이나 습관에 굴복하지 않기로 한 나의 선택 덕분이었다. 나는 내 자유의지를, 아니 내 자유 거부 의지를 발동시켜 집착에 가까운 충동을 따르지 않기로 선택했다. 과식 충동은 기억이지 영감이 아니었다. 그것은 신성이 아니라 기억에서 나온 것이었다. 당시 나는 그 기억을 무시하고 억누르고 있었다. 하지만 휴렌 박사는 무작정 억누르기보다는 기억을 사랑하라고 권했다. 기억이 사라지고 신성만이 남을 때까지 말이다.

사실 당시엔 완전히 이해할 수 없었지만 귀를 기울이고 어느 것 하나라도 배제하지 않기로 했다. 내 앞에 색다른 길이 펼쳐져 있었다. 그 길에서 무엇이 나를 기다리고 있을지 누가 장담할 수 있겠는가?

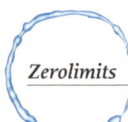

Zerolimits

예외라니요?

나는 당신이 본다고 생각하는 그대로, 그 이야기 그대로입니다.
―바이런 케이티, 『종이 위의 전쟁All War Belongs On Paper』 중에서

주말 세미나는 예상보다 심오했다. 휴렌 박사는 우리들이 찾는 모든 것, 우리가 경험하는 모든 것이 우리 안에 있다고 설명했다. 뭔가를 변화시키고 싶다면 '밖'이 아니라 '안'에서 변화를 일으켜야 한다고 말이다. 여기서 핵심은 전적인 책임이 자신에게 있다는 것을 아는 것이다. 원망할 사람은 없다. 모든 게 다 내 책임이니까.

"하지만 가령 누군가 성폭행을 당했다면요?"

누군가 물었다.

"자동차 사고는요? 우리가 그 모든 일을 책임질 수는 없잖습니까."

"어떤 문제가 발생할 때마다 그곳에 당신이 있다는 것을 알고 있나요?"

박사가 물었다.

"이것은 모든 일에 백 퍼센트 책임을 지는 것을 말합니다. 예외는 없습니다. 내키지 않는다고 빠져나갈 구멍이 생기진 않습니다. 우리는 그 모든 일에 책임이 있습니다. 모든 일에요."

그는 정신병원에서 일할 때 만났던 살인자와 성폭행 범에 대해서 책임을 졌다. 그는 그들이 기억 혹은 프로그램에 의해 행동하고 있다는 것을 알고 있었다. 그들을 도우려면 그 기억들을 제거해야 했다. 방법은 정화밖에 없었다. 이것이 바로 그가 치료사로서 직업적으로 그들을 대한 적이 없다고 말한 이유였다. 대신 그는 그들의 진료 기록을 읽으면서 신성에게 조용히 말했다.

"당신을 사랑합니다."

"미안합니다."

"나를 용서해 주세요."

"감사합니다."

그는 환자들을 한계가 없는 상태로 돌려보내기 위해 그가 알고 있는 방법을 쓰기로 했다. 모든 작업이 휴렌 박사의 마음속에서 이루어졌고, 환자들은 치유되었다. 휴렌 박사는 이렇게 설명했다.

"간단히 말해서, 호오포노포노는 '바로잡다' 혹은 '오류를 정정하다'라는 뜻입니다. 호오$^{Ho'o}$는 하와이 말로 '원인'이란 뜻이고 포노포노^{Ponopono}는 '완벽함'을 뜻하죠. 고대 하와이인들에 따르면 생각이 과거의 고통스러운 기억들로 오염될 때 오류가 발생합니다. 호오포노포노는 불균형과 질병을 유발하는 이런 고통스러운 생각들, 즉 오류의 에너지를 방출하는 한 방법입니다."

한마디로 호오포노포노는 문제 해결의 과정이다. 그리고 그 모든 과정은 우리의 내면, 즉 마음속에서 이루어진다.

이 참신하고 진일보한 치유 과정은 하와이 주술사 모르나에 의해 창안되어 1982년 11월 휴렌 박사에게 전수되었다. 휴렌 박사는 당시 병원과 대학에서 활약하고 미국에까지 진출한 '기적의 치유자'가 있다는 이야기를 듣게 되었다. 마침내 모르나를 만나 그녀가 대상포진^{帶狀疱疹}에 걸린 박사의 딸을 고치는 걸 목격한 뒤로 그는 호오포노포노를 배우기 위해 모든 걸 포기하고 수련 생활을 시작했다. 이것을 계기로 당시 위기를 맞았던 그의 결혼 생활 역시 끝이 나면서 그는 가족들을 떠났지만 당시 상황에 비추어 볼 때 드문 현상은 아니었다. 가족들을 떠나 영적 지도자와 함께 수련하는 사람들의 행렬은 이미 오래전에 시작된 현상이었다.

하지만 그가 처음부터 모르나의 '괴상한' 방법을 받아들인 것은 아니었다. 그녀가 주최하는 워크숍에 참석한 첫날, 그는 세 시간 만에 강의실을 나가고 말았다고 한다.

"모르나가 영혼들과 이야기를 하는데 꼭 미친 사람 같았습니다. 그래서 나가 버렸죠."

그는 일주일 후 다시 강의실로 돌아갔고, 모르나가 진행하는 다른 워크숍에도 등록했다. 하지만 그는 여전히 납득할 수 없었다. 그녀가 가르치는 모든 것은 대학 교육을 받은 지성인인 그에게 도무지 미친 소리로밖에 들리지 않았다. 결국 그는 또다시 강의 도중에 뛰쳐나가고 말았다.

"세 번째로 다시 돌아갔을 때에는 주말 내내 강의실에 붙어 있었습니다. 모르나가 미쳤다는 생각에는 변함이 없었지만, 그녀가 한 말 중에 내 마음을 뒤흔드는 게 있었거든요. 나는 1992년 모르나가 저세상으로 갈 때까지 그녀 곁을 지켰습니다."

휴렌 박사와 몇몇 사람들의 말에 따르면 모르나의 내적 자가 치유법은 분명히 기적을 일으켰다고 한다. 그녀가 소리 내어 읊어주는 기도만으로 기억들이 지워지는 기적이 말이다. 나는 그 기도문을 알고 싶었다. 『나는 승리자 Am a Winner』라는 책에 실린 모르나의 글에서 그것을 추측해 볼 수 있었다.

"나는 두 살 때부터 옛 방식을 사용했다. 그것을 다듬고 개선하긴 했지만 '고대 지혜의 정수'는 그대로 살아 있다."

마벨 카츠$^{Mabel\ Katz}$는 『가장 쉬운 길$^{The\ Easiest\ Way}$』에서 이렇게 말한다.

"호오포노포노는 용서와 회개, 변형의 과정이다. 그것을 받아들이는 순간, 우리는 언제나 전적인 책임을 지고—우리 자신에 대한—용서를 구하게 된다. 그리고 우리 삶에 등장한 모든 것은 기억들이 투사된 것에 불과하다는 사실을 깨닫게 된다."

나는 모르나가 창안한 현대 호오포오포노 과정이 전통적인 호오포노포노와 어떻게 다른지 궁금했다. 그 점에 대해 휴렌 박사는 이렇게 설명했다.

전통적인 호오포노포노	현대 호오포노포노
1. 사람들 사이의 문제를 해결한다.	1. 개인 내의 문제를 해결한다.
2. 모든 참석자들 가운데 연장자가 명상을 통해 문제를 해결하는 치유 과정을 이끈다.	2. 오직 나와 너만이 관련된다.
3. 문제에 관계된 모든 사람들이 실제 참석한다.	3. 오직 나만이 실제 참석한다.
4. 각 참석자들은 서로에게 회개하고 연장자는 명상을 통해 분	4. 나에게 회개한다.

> 쟁이 일어나지 않도록 한다.
> 5. 각 참석자들은 다른 모든 참석자들에게 용서를 구한다.
>
> 5. 나에게 용서받는다.

전통 호오포노포노에서는 노련한 연장가가 모두에게 문제를 어떻게 바라보는지 한마디씩 할 기회를 준다. 이 부분은 전통적인 호오포노포노에서 항상 분쟁이 발생하는 부분이기도 한다. 문제를 바라보는 시간은 참석자들마다 다르기 때문이다. 나는 모든 과정이 개인의 내부에서 일어난다는 점에서 새롭게 개선한 방법을 더 선호한다. 다른 사람은 필요 없는 치유법, 내가 보기에는 이것이 더 현명해 보였다. 나는 베스트셀러 작가인 데비 포드 Debbie Ford처럼 융 이론을 기반으로 한 학문을 공부했기 때문에 변화가 일어나는 곳은 어떤 환경이나 다른 사람이 아니라 우리 내면이라는 사실을 이해하고 있었다.

휴렌 박사의 설명을 더 들어보자.

"모르나는 호오포노포노를 현대화하면서 자아의 세 가지 요소를 포함시켰습니다. 우니히피리Unihipilli(아이, 무의식), 우하네Uhane(어머니, 의식), 아우마쿠아Aumakua(아버지, 초의식), 이 세 자아는 모든 물질의 분자 속에 존재합니다. 이 '내면의 가족'이 조화를 이룰 때 사람은 신성과 조화를 이루고, 인생이 순조롭게 풀립니다. 따라서 개인의 균형을 회복하는 것이 우선이고 모든 창조물은 그 다음입니다."

그는 이 놀라운 과정에 대해 더 자세히 설명했다.

"호오포노포노는 정말 단순합니다. 고대 하와이인들은 모든 문제가 생각에서 비롯된다고 믿었습니다. 하지만 생각을 하는 것 자체는 문제가 아니죠. 그럼 무엇이 문제일까요? 모든 생각들이 고통스러운 기억들로 얼룩져 있다는 겁니다. 사람들이나 장소, 사물에 대한 기억들로요.

지적 활동만으로는 이 문제를 해결할 수 없습니다. 지성으로는 그저 '관리'만 할 뿐이죠. 관리는 근본적인 문제 해결 방법이 아닙니다. 문제를 해결하기 위해서는 오히려 그 문제를 해방시켜야 합니다. 호오포노포노를 행하면 신성이 고통스러운 생각을 중화하거나 정화합니다. 단지 그것들과 나를 연결하는 에너지를 중화하는 것이죠. 즉 호오포노포노의 첫 단계는 에너지의 정화입니다.

에너지를 정화하면 경이로운 일이 일어납니다. 그 에너지가 중화될 뿐 아니라 해방되면서 새로운 기초가 만들어집니다. 불교에서는 이것을 공*이라고 부릅니다. 마지막 단계로 신성을 받아들이고 신성이 공을 빛으로 채우도록 허락하는 단계가 옵니다.

호오포노포노를 하기 위해서 문제나 오류가 무엇인지 알 필요는 없습니다. 신체상의 고통이든 정신적인 고민이든 정서적인 장애이든, 스스로 겪고 있는 문제를 알아채기만 하면 됩니다. 일단 감지했다면 그 다음 해야 할 일은 바로 정화를 시작하는 것입니다. '미안합니다, 나를 용서해주세요' 하고 말이죠."

나는 모르나에 대한 정보를 뒤지기 시작했다. 그리고 마침내 그녀의 인터뷰를 담은 DVD 속에서 그녀가 사람들을 치유할 때 외우는 기도문을 발견했다. 그녀의 기도문은 다음과 같았다.

아버지와 어머니, 자식이 하나로 존재하는 신성한 창조주여……. 만일 내가, 내 가족이, 내 피붙이가, 내 조상이 당신과 당신 가족, 피붙이, 조상에게 태초부터 현재까지 생각으로, 말로, 행동으로 상처를 주었다면 부디 용서를 바랍니다……. 모든 암울한 기억과 장애물, 에너지, 불안들을 씻어내고, 정화하고 해방하여 이 원치 않는 에너지들을 순결한 빛으로 변형하소서……. 이제 됐습니다.

이 기도문이 어떻게 누군가의 마음속에 치유의 물꼬를 튼 것인지는 알 수 없었다. 다만 그것이 용서를 근간으로 한다는 것만은 분명해 보였다. 그렇다. 용서를 구함으로써 치유의 길을 튼다는 것이 모르나와 휴렌 박사의 생각이었다. 우리의 행복에 걸림돌이 되는 것은 다름 아닌 '사랑의 결핍'이었다. 용서는 회복의 문을 열어 주었다.

휴렌 박사는 계속해서 우리가 우리의 삶에 대해 전적으로 책임져야 한다는 말을 강조했다. 여기에는 예외도, 변명도, 빠져나갈 구멍도 존재하지 않는다고 말이다.

"우리 모두가 전적으로 책임이 있다는 걸 알게 된다면 어떻게 될까요?"

그가 물었다.

"나는 십 년 전에 나 자신과 내기를 한 적이 있어요. 누구에게든 심판의 잣대를 들이대지 않고 하루를 버틴다면 커다랗고 먹음직스러운 아이스크림을, 너무 커서 다 먹으면 배탈이 날 정도로 거대한 아이스크림을 나에게 상으로 내리겠다고 말이죠. 한데 한 번도 그 내기에서 이겨 본 적이 없어요! 꽤 오래 참은 적도 있었지만 하루를 넘기지 못했습니다."

그렇다. 그도 인간이었다. 나 역시 스스로를 가꾸는 데 많은 노력을 기울이며 살아왔지만 내 바람과 맞지 않는 사람들이나 상황에 아직도 휘둘리곤 한다. 내게 닥친 인생의 파도를 대부분 잘 참아 넘기는 편이지만 전적으로 만족하기란 참으로 어려운 일이다.

"그런데 그걸 사람들에게 어떻게 납득시켜야 할까요? 문제의 책임이 전적으로 자신에게 있다는 걸 말입니다."

그가 물었다.

"어떤 문제를 해결하려면 스스로를 돌아보세요. 그 문제가 다른 사람에게 있다고 생각될 때도 스스로에게 먼저 물어보세요. 누군가가 여러분의 인생에 끼어들어 여러분을 괴롭힌다면, 여러분 안의 무엇이 그가 여러분을 괴롭히도록 만드는지 물어보는 겁니다. 그것을 이해한다면 어떤 상황이든 개선할 수 있습니다. 이런 일이 어떻게 가능할까요? 간단합니다. '어떤 상황에서든 미안합니다. 나를 용서해 주세요'라고 말하는 것입니다."

그는 마사지 치료사나 척추 교정 전문가가 허리 아픈 환자를 맞이했을 때를 예로 들었다. 예컨대 그런 경우에는 이렇게 자문해 보라는 것이다.

"나의 내면의 무엇이 이 사람의 허리 통증으로 나타났을까?"

참신하다 못해 머리가 빙빙 돌 정도로 엉뚱한 인생관이다. 하지만 이것은 휴렌 박사가 어떻게 그 정신병을 앓았던 범죄자들을 모두 고쳤는지에 대한 실마리를 제공한다. 그가 치유한 것은 그들이 아니었다. 자기 자신이었다.

박사의 말에 의하면 우리 모두는 순수한 존재이다. 여기서 순수하다는 것은 프로그램이나 기억이 전혀 존재하지 않는, 심지어 영감조차 존재하지 않는 상태를 의미한다. 그것이 바로 제로 상태다. 하지만 사람들은 살아가면서 감기에 걸리듯 기억이나 프로그램에 걸려들게 마련이다. 그럴 때 우리는 감기를 몰아내듯이 기억이나 프로그램을 몰아내야 한다. 당신이 만약 다른 사람에게서 어떤 프로그램을 보았다면 당신 역시 그것을 가지고 있는 것이다. 벗어나는 길은 하나뿐이다.

정화.

휴렌 박사는 말한다.

"매 순간 자신의 인생을 있는 그대로 백 퍼센트 책임지려는 사람에게는 문제와 질병으로부터 벗어날 길이 있습니다. 고대 하와이 호오포노포노 치유 과정에는 자기 내부의 오류들을 바로잡아 달라고 사랑에게 간청합니다. '미안합니다. 외부의 문제로 나타난 내 안의 문제가 무엇이든 용서하십시오.' 그리고 나서 문제로 나타난 내면의 오류를 변형시키는 일은 사랑의 몫으로 남겨집니다."

그리고 이렇게 덧붙였다.

"호오포노포노는 어떤 문제든 그것을 시련이 아닌 기회로 봅니다. 문제는 단지 과거의 기억이 재생된 것에 불과합니다. 문제는 그것을 사랑의 눈으로 바라보고 영감에 의해 행동할 기회를 주기 위해 나타난 것입니다."

휴렌 박사가 수없이 강조하는 '전적인 책임'이란 완전한 수용을 의미한다. 내 인생에 들어온 사람들과 그들의 문제 모두가 대상이 된다. 그들의 문제는 곧 나의 문제이며, 그들은 내 인생 안에 있다. 따라서 내 인생에 대한 책임이 전적으로 내게 있다면 그들이 경험하는 것 또한 전적으로 나의 책임이다. (부디 이 대목을 한 번 더 읽어 보길 바란다.)

이것은 사고를 뒤집고 마음을 열고 틀을 깨는 개념이다. 그렇게 사는 것은 지금까지의 삶에서 한 번도 경험해 보지 못했던 방향으로 인생을 변형시키는 일이다. 물론 우리들 대부분에게 '백 퍼센트 나의 책임'이라는 것은 실천을 고사하고 받아들이기조차 어려운 개념이다. 하지만 일단 수용하고 나면 그 다음에는 '어떻게 나 자신을 변형시켜 나머지 세상도 변화시킬까' 생각하는 단계에 이른다.

확실한 방법은 '사랑합니다'란 말과 함께하는 것이다. 이것은 치유의 문을 여는 열쇠이다. 하지만 그것을 다른 사람이 아니라 당신 자신에게 사용해야 한다. 그들의 문제는 당신의 문제이다. 따라서 그들을 치유하는 것은 당신에게 별 도움이 되지 못한다는 것을 기억하라. 치유가 필요한 건 그들이 아니라 바로 당신이다. 당신은 당신 자신을 치유해야 한다. 모든 경험의 근원은 바로 당신이기 때문이다.

이것이 바로 현대 호오포노포노 치유법의 핵심이다. 잠시 곰곰이 곱씹어 보시길. 당신이 생각에 잠겨 있는 동안 나는 '사랑합니다'를 계속 되뇔 것이다.

이번에 참가한 주말 워크숍의 키포인트 중 하나는 우리가 기억이 아니면 영감에 의해 움직인다는 점이었다. 기억은 사고다. 반면 영감은 허용이다. 우리들 대부분은 기억에 기반을 두고 살아가지만 무의식적으로 살아가는 우리는 그 사실을 인지하지 못한다. 이런 관점으로 세상을 바라볼 때 우리의 마음속에 신성의 메시지가 내려온다. 하지만 기억들이 움직이고 있다면—실제로 기억들은 거의 언제나 움직이고 있다—영감에 따라 행동하기는커녕 영감 자체를 아예 느끼지 못한다. 결국 신성의 말은 한마디도 수용되지 못한다. 머릿속을 가득 매운 소음 때문에 정작 그것을 듣지 못하는 것이다.

휴렌 박사는 이해를 돕기 위해 그림을 그려 부연 설명했다.

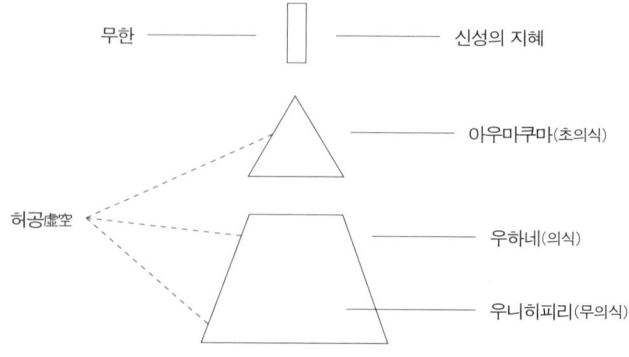

그림에서 삼각형은 개개인의 사람들을 표현한다. 그 중심부에는 오직 신성만이 있고 아무것도 존재하지 않는다. 바로 이곳이 한계가 없는 제로 상태의 공간이다.

신성으로부터 우리에게 오는 영감과 달리 기억은 인류의 집단 무의식 속의 프로그램이라 할 수 있다. 말하자면 그것은 우리가 타인의 내부에서 감지하는 순간 그들과 공유하고 있는 것들이다. 우리의 과제는 그 기억들을 모두 청소해서 영감이 흐를 수 있는 '공의 상태'로 되돌아가는 일이다.

휴렌 박사는 많은 시간에 걸쳐 기억들이 공유되고 있음을 설명했다. 예컨대 당신이 타인에게서 불쾌한 무엇인가를 감지했다면 당신의 내면 또한 그것을 갖고 있는 것이다. 그럴 때는 그것을 정화하는 것이 당신의 임무다. 당신 안의 그것을 정화하면 그것은 다른 사람에게서도 떠나게 된다.

"가장 끈질긴 프로그램들 중 하나는 남성들에 대한 여성들의 증오입니다."

휴렌 박사가 말했다.

"나는 지속적으로 그것을 정화하고 있습니다. 그건 마치 잡초가 무성한 광활한 들판에서 제초 작업을 하는 것과 같습니다. 잡초를 뽑을 때마다 그 끝에는 고정관념이 딸려 나옵니다. 여성들에게는 남성에 대한 뿌리 깊은 증오가 존재합니다. 우리는 그것을 사랑하고 풀어내야만 합니다."

나는 그의 말을 완전히 이해하지는 못했다. 그저 심리학자나 철학자, 종교지도자라면 하나씩 제시하는 세상에 대한 모델이나 지도처럼 느껴졌다. 하지만 흥미로웠다. 지구 전체를 치유하는 데 도움이 될 수 있을 것 같았기 때문이다. 만일 휴렌 박사가 정말로 정신 병동 전체를 치유했다면, 불가능할 게 무엇이 있겠는가?

하지만 휴렌 박사는 호오포노포노가 쉽지만은 않다고 지적했다. 헌신이 필요하다고 말이다.

"이건 맥도날드 식의 인생관이 아닙니다. 말 한마디로 금방 나오는 패스트푸드 음식이 아니에요. 신은 식당 종업원이 아닙니다. 계속 정신을 집중하고 정화하고, 정화하고 또 정화해야 합니다."

그는 다른 사람들이 불가능하다고 생각했던 일을 정화 요법을 통해 해낸 일화 하나를 들려주었다. 미 항공우주국[Nasa] 엔지니어가 로켓 문제가 생겼다며 그를 찾아왔을 때의 일이었다.

"그녀가 나를 찾아왔을 때 나는 내가 그 문제의 일부라는 느낌을 받았습니다. 그래서 나는 그것을 정화하며 로켓에게 미안하다고 사과했습니다. 엔지니어가 돌아간 뒤 로켓이 비행 중에 저절로 고쳐졌다는 소식을 그녀로부터 들었지요."

당시의 그 엔지니어는 그날 세미나에 참석한 사람 중 한 명이었다. 휴렌 박사와 엔지니어는 분명 호오포노포노가 로켓에 영향을 끼친 것이라고 믿고 있었다. 로켓이 저절로 고쳐지기란 불가능하다고, 그것은 거의 기적이나 다름없는 일이었다고 엔지니어는 말했다.

이 이야기를 전적으로 믿는다고는 할 수 없지만, 그 외에는 달리 설명할 길이 없다는 것 또한 나는 인정할 수밖에 없다.

쉬는 시간에 어떤 남자가 내게 다가와서 말을 걸었다.

"유명한 인터넷 마케터와 이름이 똑같으시군요."

나는 그가 농담을 하는 건지 알 수가 없어서 그냥 이렇게 물었다.

"그래요?"

"네, 그 사람은 책을 많이 냈는데, 주로 영혼 마케팅$^{\text{spiritual marketing}}$과 최면에 대한 글을 썼지요. 멋진 사람입니다."

"제가 그 사람인데요."

나의 대답에 그 신사는 무척 당황한 듯 보였다.

함께 강의를 듣는 사람들 사이에서 나의 존재가 점점 더 커져가는 것을 느낄 수 있었다. 한번은 어떤 사람이 휴렌 박사와 친분이 있느냐고 물어왔다. 아니라고 답하고는 왜 그런 생각을 했느냐고 되물었더니 그는 이렇게 대답했다.

"모르겠어요. 그냥 박사님이 당신을 주목하고 있다는 느낌이 드는군요."

나는 주목받는 게 싫지 않았다. 내가 인터넷상의 많은 팬을 보유한 작가라는 걸 휴렌 박사가 알고 있다면 그건 좋은 일이라는 생각이 들었기 때문이다. 그가 전하는 치유의 메시지를 내가 받아들이면 많은 사람들을 도울 수 있으리라는 걸 그는 분명 염두에 두고 있었을 것이다.

하지만 그 당시 내가 알지 못했던 것이 있었다. 그는 신이 내린 지시, 그 영감에 따라 나를 스승의 길로 인도하고 있었다. 세상 사람들의 스승이 아니라 나 자신의 스승이 되는 길로 말이다.

사랑합니다

> 당신이 자아를 우선적으로 따른다면 자기에게 완벽하고 완전하며 적합한 것을
> 멀리하려야 할 수 없습니다. 자신의 자아를 따를 때
> 신성의 생각과 말, 행동이라는 완벽함을 자연스럽게 경험하게 됩니다.
> 하지만 유독한 생각들을 따른다면 질병과 혼란, 분노, 우울,
> 심판, 빈곤이라는 불완전함을 경험하게 됩니다.
> ─이하레아카라 휴렌

휴렌 박사의 메시지를 받아들일수록 그에 대해 알고 싶은 것, 알아야 할 것들은 점점 더 늘어만 갔다. 나는 어떤 아이디어든 마음을 활짝 열고 스펀지처럼 받아들이는 데 익숙했다. 처음 세미나에 참석하고부터 나는 내 일생의 유일한 임무는 싫든 좋든 내 인생에 들어온 모든 것들에게 '사랑한다'고 말하는 것임을 깨닫기 시작했다. 기억이나 프로그램과 맞닥뜨릴 때마다 그것들을 밖으로 내보내며 나는 점점 더 완전한 제로 상태에 도달해 감을 느꼈다. 어쩌면 정말로 나를 통해 지구에 더 많은 평화가 생겨날지도 모르는 일이었다.

그런 나에 비해 마크는 세미나의 메시지를 이해하는 데 더 힘

들어 했다. 자꾸 논리의 잣대를 갖다 대려고 했기 때문이다. 하지만 논리적 설명을 찾는 것 자체가 실패의 지름길이었다. 그 이유는 앞서 언급한 대로 우리는 주위에서 일어나고 있는 일에 대해 정확하게 알지 못하기 때문이다.

"우리의 의식은 고작 15비트만 인식할 수 있는 데 반해 주변에서는 1천5백만 비트의 정보가 발생하고 있습니다."

휴렌 박사는 매 순간 이 말을 강조했다. 우리는 우리 인생에서 벌어지는 일들을 전부 이해할 수 없다. 따라서 그것들을 그냥 놓아 주고 그대로 믿어야만 한다.

세미나 중에 어떤 남자가 벽에 문이 생기면서 죽은 사람들이 그 문을 통해 드나드는 모습을 보았다고 말했다.

"그걸 왜 보았는지 아십니까?"

휴렌 박사가 물었다.

"우리가 전에 영혼에 대해 이야기를 나누었기 때문이죠."

누군가 말했다.

"맞습니다. 그것들에 대해 이야기를 나눔으로써 그것들을 끌어당긴 겁니다. 저세상을 들여다보지 마세요. 우리에겐 이 순간, 이 세상에 머물러서 해야 할 일들이 많습니다."

나는 유령을 본 적이 없었기 때문에 유령을 본 사람들을 어떻게 이해해야 좋을지 알 수 없었다. 영화 〈식스 센스$^{\text{Sixth Sense}}$〉를 좋아하긴 했지만 어디까지나 영화였다. 영혼들이 나타나서 내게 말을 거는 건 사양하고 싶었다. 하지만 휴렌 박사에게 그런 일은 다반사였다. 그는 정신병원에서 일하던 시절의 경험담을 들려주었다. 한번은 한밤중에 변기 물이 내려가는 소리가, 그것도 모든 변기가 한꺼번에 저절로 내려가는 소리가 들렸다고 했다.

"그곳에는 영혼들이 넘쳐났어요. 지난해에 많은 환자들이 그 병동에서 죽었지만 뚜렷한 사망 원인이 밝혀지지 않았었죠. 그들이 그곳에 남아 있었던 겁니다."

영혼들이 화장실을 쓴다고? 그럴지도 모르지.

휴렌 박사는 한술 더 떠서 귀신 들린 사람 얘기로 넘어갔다. 그들의 눈은 거의 흰자위만 보이고 눈 주위에는 엷고 흐릿한 막이 둘러져 있다고 그는 말했다.

"절대 그들과 이야기하려고 하지 마세요. 대신 당신 자신을 정화하고, 그로써 그들을 지배하고 있는 어둠이 사라지기를 기도하세요."

나는 스스로 열린 마음의 소유자라고 자부했었지만 영이니 귀신 들린 사람이니 밤중에 변기를 쓰는 귀신이니 하는 얘기들은 아무래도 듣기가 거북했다. 그래도 나는 버텼다. 치유의 마지막 비밀을 알고 싶었다. 그래서 부와 건강과 행복에 이르는 비결을 얻고 싶었고 다른 사람들도 그런 길을 가도록 돕고 싶었다.

하지만 그러기 위해서는 눈에 보이지 않는 세상을 거닐며 모호한 중간 지대 속으로 들어가야 한다는 걸 미처 예상하지 못했다.

어느 날인가 세미나 도중에 몸속의 에너지를 열기 위해 참석자 전부 바닥에 누워 운동을 하고 있을 때였다. 휴렌 박사가 나를 불러서는 말했다.

"저분을 볼 때면 스리랑카의 굶주림이 보입니다."

그가 가리키는 곳을 봤지만 카페트 위에서 스트레칭을 하는 한 여성이 있을 뿐이었다.

"우리에겐 정화할 것이 정말 많습니다."

휴렌 박사가 말했다.

나는 혼란스러웠지만 최선을 다해 내가 이해한 것들을 실행에 옮겼다. 나는 마음속으로 늘 '사랑합니다'를 반복해서, 끊임없이 말했다. 좋은 일이든 나쁜 일이든 어떤 상황 속에서도 가리지 않고 '사랑합니다'라는 말을 했다. 그렇게 내가 아는 것이든 모르는 것이든 최선을 다해 모든 것을 정화했다. 그것이 어떤 효과를 발휘했는지 간단한 예를 들어 보겠다.

어느 날 저녁, 화장실에 들어갔다가 요도관이 부어오르는 걸 느꼈다. 염증이 생겼다는 것을 감지하고 신에게 '사랑합니다'라고 말했다. 그러고는 곧 그것을 잊어버렸는데 다음 날 아침에 일어나 보니 염증이 말끔히 사라져 있었다. 한번은 어떤 사람에게서 몹시 화가 치미는 이메일을 받았다. 예전 같았으면 고약한 글로 내 감정을 상하게 한 그 사람과 한바탕 언쟁을 벌였겠지만, 이번에는 휴렌 박사의 방법을 써 보기로 했다. 나는 조용히 '미안합니다'와 '사랑합니다'라는 말을 되풀이했다. 특별히 누군가를 정해 놓고 한 말은 아니었다. 단지 그런 상황을 만들어 끌어당긴 무언가를 치유하기 위해 나의 내면에서 사랑을 불러내고 있었던 것뿐이다. 한 시간이 채 안되어 같은 사람으로부터 다시 이메일이 도착했다. 그는 먼저 보낸 이메일에 대해 내게 사과했다.

주목할 점은 내가 외부적으로 아무런 행동을 취하지 않고도 사과를 받았다는 점이다. 나는 답장조차 보내지 않았다. 하지만 '사랑합니다'라고 말함으로써 내 안에 숨어서 한계를 만들던 고정관념을 치유했고, 그것은 우리 두 사람이 함께 공유한 치유였다. 이 방법이 항상 즉각적인 결과를 가져다주는 것은 아니다. 중요한 것은 결과를 얻는 것이 아니라 평화를 얻는 것이다. 평화에 초점을 맞추다 보면 최초로 원했던 결과를 종종 얻게 된다.

다른 예를 들어 보겠다. 어느 날 내 직원들 가운데 한 명이 느닷없이 종적을 감추었다. 그는 중요한 프로젝트의 일원이었는데, 프로젝트 마감을 코앞에 둔 상황에서 지구를 완전히 떠나 버린 것처럼 흔적도 없이 사라진 것이었다. 얼마나 기분이 상했던지 휴렌 박사의 방법을 알고 있었음에도 '사랑합니다'라고 말하기보다는 '이 자식 죽여 버리겠어'라고 외치고 싶을 지경이었다. 다른 일을 하다가도 그 직원을 떠올릴 때마다 마구 화가 치밀었다.

하지만 나는 이 말을 계속했다.

"사랑합니다."

"나를 용서해 주세요."

"미안합니다."

그러나 단지 해야 했기 때문에 그 말을 했을 뿐, 사랑의 감정은 느끼지 못했다.

사흘 동안 이 과정을 거치고 나자 나는 마음의 평화를 어느 정도 느낄 수 있었다. 그리고 그때 그 직원의 소식을 들었다.

그는 감옥에 있었다. 나는 그를 향해 마음속으로 '사랑합니다'라고 되풀이했다. 즉각적인 결과가 나타나진 않았지만 적잖은 내부의 평화를 찾았고 충분히 행복했다. 바로 그때 그 직원 역시 그것을 느꼈던 모양인지 간수에게 부탁해서 내게 전화를 걸어왔다. 그와 일단 통화가 되자 급한 프로젝트를 끝내기 위해 필요했던 대답을 그에게서 얻을 수 있었다.

휴렌 박사는 호오포노포노 워크숍 첫날 내 책 『돈을 유혹하라』를 칭찬했었다. 그는 내가 나 자신을 정화하면 내 책에서 진동이 일어나고, 내 책을 읽는 독자들 역시 그 진동을 느끼게 될 것이라고 말했다. 한마디로 내가 개선되면 내 독자들도 개선된다는 뜻이었다.

"이미 팔려 나간 책들은 어떻게 하죠?"

내가 물었다. 그 책은 베스트셀러로 엄청나게 팔려 나갔고 하드커버에 이어 페이퍼백으로도 출간되었다. 나는 이미 내 책을 산 사람들이 걱정되었다.

"그 책들은 외부에 있지 않습니다."

불가사의한 그의 지혜가 다시 한 번 내 마음을 흔들어 놓았다.

"그것들은 여전히 당신 안에 있습니다."

'저 밖'이란 존재하지 않는다. 이 심오한 개념을 속속들이 파헤쳐 설명하려면 책 한 권을 따로 써도 모자랄 것이다. 하지만 휴렌 박사의 동의를 얻은 것에 한해 이 점 하나만 분명히 밝혀두겠다. 당신의 인생에서 무언가를 개선하고자 한다면 그것이 경제적 문제이든 인간관계든 바라볼 곳은 오직 한 곳뿐, 바로 당신의 내면이다.

세미나에 참석한 모든 사람이 휴렌 박사의 말을 이해한 것은 아니었다. 세미나가 막바지에 다다를수록 사람들은 박사에게 질문 공세를 퍼부었다. 모두 논리적으로 접근한 질문들이었다.

"나를 정화하는 것이 어떻게 다른 사람에게 영향을 미친다는 겁니까?"

"여기서 자유의지는 어디에 존재하죠?"

"그토록 많은 테러리스트가 우리를 공격하는 이유는 뭡니까?"

휴렌 박사는 침묵했다. 마치 강의실의 맨 뒤편에 앉아 있는 나를 똑바로 쳐다보는 것 같았다. 그는 난감한 표정을 지었다. '저 밖'은 존재하지 않으며 모든 것이 우리 안에 존재한다는 것이 박사가 전하는 메시지의 골자였다. 아마도 그는 그 사람들의 이해 부족이 곧 자신의 이해 부족이라고 생각하는 듯했다. 금방이라도 한숨이 터져 나올 것만 같은 표정이었다. 그가 마음속으로 되뇌는 '미안합니다. 당신을 사랑합니다'라는 말이 들려오는 듯했다.

세미나에 참석한 많은 사람들이 하와이식 이름을 갖고 있었는데 정작 하와이인처럼 생긴 사람은 별로 없었다. 마크와 내가 그 점에 대해 참석자들에게 물었더니 원하는 사람에게는 휴렌 박사가 새 이름을 지어 준다고 말했다. 자신을 새로운 자아와 동일시하는 과정을 통해 자아가 없는 공백 상태에서 신성과의 합체를 유도한다는 취지였다.

나는 새로운 이름이 가진 힘을 잘 안다. 1979년 나는 '스와미 아난드만주시리'가 되었다. 스승이 지어 준 그 이름은 당시 과거와 씨름을 벌이던 내게, 빈곤에 허덕이며 삶의 의미를 찾아 헤매던 내게 새 출발의 힘을 실어 주었다. 그 후로 나는 7년 동안 그 이름을 사용하며 지냈다.

휴렌 박사에게 이름을 지어 달라고 부탁했을 때 그는 신성과 함께 살펴보겠다고 말했다. 영감을 느끼는 순간 떠오른 것을 말해 주겠노라고, 첫 세미나가 열린 지 한 달 후 그에게서 편지가 날아왔다.

조에게

얼마 전 내 마음속에서 구름 한 점이 피어오르더군요. 그 구름이 형태를 갖추기 시작하더니 서서히 꿈틀대며 연하디연한 노란색으로 변했습니다. 그러고는 잠에서 막 깨어난 아이처럼 몸을 죽 늘이면서 투명해졌습니다. 그 투명함 속에서 '경건하다'는 뜻의 '아오 아쿠아$^{Ao\ akua}$'라는 말이 떠올랐습니다.

그리고 오늘 내 이메일에 삽입하는 문구로 이런 인용구를 받았습니다.

"오, 내게 삶을 주시는 주여! 감사로 내 가슴을 충만하게 하소서."

모든 이해를 넘어선 평화가 당신께 있기를 바라며.

나의 평화

— 이하레아카라

나는 '아오 아쿠아$^{Ao\ akua}$'라는 이름이 마음에 들었지만 그걸 어떻게 발음해야 할지 도무지 알 수가 없었다. 그래서 곧바로 편지를 써서 도움을 요청했고 그는 이런 답장을 보내왔다.

A는 파더^{father}의 아^{a}처럼 소리가 납니다.
O는 오^{oh}의 오^{o}처럼 소리가 납니다.
K는 키친^{kitchen}의 크^{k}처럼 소리가 납니다.
U는 블루^{blue}의 우^{u}처럼 소리가 납니다.
나의 평화

그렇게 발음까지 알게 되자 새 이름이 더욱 마음에 들었다. 그 이름을 공식적으로 사용한 적은 없지만 후에 휴렌 박사에게 편지를 쓸 때나 인터넷 블로그를 시작했을 때 '아오 아쿠아'라는 서명을 사용했다. 나는 그 이름이 좋았다. 마치 구름을 헤치고 신과 대면함을 의미하는 문장을 사용함으로써 내 블로그를 정결하게 해 달라고 신성에게 간청하는 느낌이 들었기 때문이다.

머릿속에 '사랑합니다'라는 말이 점점 더 깊이 각인되는 동안 나의 궁금증도 더욱 깊어져 갔다. 나는 휴렌 박사에게 이메일을 보내 텍사스로 방문해서 내 친구들 몇 명에게 호오포노포노에 대해 이야기해 줄 수 있는지 물었다. 사실은 그에게서 하나라도 더 '캐널' 속셈이었지만 명목상으로는 텍사스로 날아와 간담회를 열면서 나와 함께 머물러 달라는 초대였다. 그와 함께 있는 동안 박사가 어떻게 정신병을 앓는 범죄자들의 병동 전체를 고쳤는지를 포함해서 모든 것을 낱낱이 알아낼 생각이었다. 휴렌 박사는 내 제안에 동의하는 다음과 같은 답장을 보내왔다.

조에게.

연락 주셔서 감사합니다. 그럴 필요까지 없는데 초대까지 해주시는군요. 감사의 마음을 전하고 싶습니다.

저도 한 가지 제안을 하겠습니다. 2월에 오스틴에서의 '비공식' 인터뷰를 하지 않겠습니까? 당신의 책 『내면을 향한 모험 Adventures Within』에서도 다룬 바 있지만, 이 인터뷰의 취지는 문제 해결법에 대한 조사 정도라고 할 수 있겠습니다. 당신은 내게 인터뷰하는 사람 이상이고, 저 역시 당신에게 인터뷰 대상 이상이라고 믿습니다.

정보를 전달할 때 그것이 어떤 형태, 어떤 형식을 취하든 정말로 중요한 것은 명료합니다. 예를 들어 볼까요. 우리들은 어떤 문제에 대해서 떠들면서도 정작 그 원인은 그다지 돌아보지 않습니다. 원인을 잘 모르는데 어떻게 문제를 해결할 수 있을까요? 처리되어야 할 문제는 어디에 있나요? 마음속에? 그게 뭘까요? 아니면—대부분의 사람들이 믿는 대로—몸속에 있나요? 아니면 둘 다인가요? 어쩌면 둘 다 아닐 수도 있습니다.

누가, 혹은 무엇이 문제를 해결하는지 역시 의문입니다.

당신이 당신의 책에서 언급한 대로 공개 토론의 방법으로는 판단을 배제하기가 어렵습니다. 그렇다면 판단이나 믿음이 진짜 문제일까요? 모두가 볼 수 있도록 진짜 문제를 드러내야 합니다.

비공개 인터뷰는 타당한 방법일 수도, 부적절한 방법일 수도 있습니다. 하지만 되풀이되는 불투명함을 간파하는 데는 좋은 방법입니다. 당신과 내가 조금이나마 그 불투명함을 정화할 수 있다면 크나큰 도움이 되지 않을까 싶습니다.

물론 모든 순간마다 독특한 리듬과 흐름이 존재합니다. 셰익스피어의 희곡 「줄리어스 시저」에서 브루투스가 마지막으로 "끝까지 기다려야 모든 결과를 알 수 있다"고 말한 것처럼 말입니다. 우리 역시 기다려야 합니다. 저의 제안에 대해서 어떻게 생각하시는지 의견 주십시오. 나는 브루투스처럼 끝까지 그것만 고집하지는 않으니까요.

평화.

— 이하레아카라

나는 재빨리 휴렌 박사와의 식사 자리를 마련했다. 대략 대여섯명 정도 참석할 것이라는 예상을 깨고 무려 일흔 다섯 명이나 되는 사람들이 그와의 저녁 식사를 위해 돈을 내고 자리를 예약했다. 휴렌 박사가 그 자리에 참석하게 될 모든 사람들의 명단을 요구하는 바람에 나는 깜짝 놀라고 말았다. 박사는 그들 모두를 정화하고 싶다고 말했다. 정확하게 무슨 의도인지 알 수 없었지만 일단 그에게 명단을 보냈다. 그는 다음과 같은 답장을 보내왔다.

명단 감사합니다, 아오 아쿠아.
단지 정화를 위해, 명확한 이해와 신성과의 투명한 접촉을 위해서입니다.
당신에게 평화가 함께하길.

―이하레아카라

그로부터 얼마 뒤 휴렌 박사가 오스틴에 도착했다. 마중 나온 나를 보자마자 그는 내 인생에 대해 질문을 퍼붓기 시작했다.

"당신이 쓴 책을 보면 당신의 인생 이야기가 나오는데, 평화를 찾기 위해 온갖 노력을 기울이셨더군요. 어떤 것이 효과가 있던가요?"

나는 생각 끝에 "모든 것이 나름대로 가치가 있었지만 그중 특히 옵션 프로세스Option Process가 유용하고 믿을 만하다."고 말했다. 그러고는 옵션 프로세스란, 무엇이 진짜인지 알아내기 위해 믿음에 의문을 던지는 방법이라고 설명했다.

"믿음에 의문을 던질 때 우리에게 남는 것은 무엇이죠?"

박사가 물었다.

"남는 게 뭐냐고요? 선택에 대한 명료함이 남겠죠."

"그 명료함은 어디서 나옵니까?"

나는 그가 왜 이런 질문을 하는지 알 수 없었다.

"왜 인간은 부유해져도 여전히 어리석을까요?"

대답이 없는 나를 향해 그가 이번에는 전혀 다른 질문을 했다. 참으로 느닷없는 질문이었다. 나는 부와 '어리석음'은 반비례하지 않는다고 설명하고 싶었다. 오직 천사들만이 부자가 된다는 말은 어디에도 없다고. 어쩌면 못된 인간들이 재물에 눈이 밝아 부자가 될 가능성이 있기 때문에 부자면서도 악당인 사람이 있다고. 하지만 그 당시에는 적당한 말이 떠오르지 않았다. 나는 솔직히 고백하기로 했다.

"모르겠군요. 하지만 부자가 되기 위해 인격을 바꿀 필요는 없다고 봅니다. 단지 부를 받아들이는 우호적인 믿음을 가져야 합니다."

"그런 믿음은 어디서 나옵니까?"

그에게서 훈련을 받은 나로서는 그리 어렵지 않은 질문이었다.

"사람들이 살아가면서 습득한 프로그램이겠죠."

그는 내가 진정한 최면 작가 hypnotic writer 라며 화제를 바꿨다. 호오포노포노에 대한 책을 내자는 나의 제안에 점점 마음이 끌리는 모양이었다.

"이제 내가 그 책을 쓰는 데 이의가 없으신 거죠?"

"이번 주말이 지나고 나서 생각해 봅시다."

"말이 나왔으니 말인데, 오늘 저녁은 어떻게 할까요?"

내가 물었다. 나는 내가 맡은 일을 잘 해내고 사람들이 각자 원하는 바를 충족할 수 있도록 항상 상황을 통제하려는 경향이 있었다.

"나는 절대 계획하지 않아요. 대신 신성을 믿습니다."

"그럼 먼저 말씀하시겠습니까? 아니면 제가 먼저 할까요? 제가 읽어 드릴 소개문이라도 가지고 계신가요?"

"두고 봅시다. 계획하지 말아요."

이 말을 듣고 나는 불편해졌다. 나는 내가 뭘 해야 하는지 알고 싶었다. 휴렌 박사는 나를 어둠 속으로 밀어 넣고 있었다. 혹시 어둠이 아니라 빛인가? 당시 나는 확신할 수 없었다. 그는 계속해서 내가 알아듣지 못하는 통찰의 말들을 쏟아냈다.

"우리 인간은 자신의 삶에 끊임없이 저항하며 살아가고 있다는 걸 모르고 있어요. 이러한 저항은 우리를 자아로부터, 자유와 영감으로부터, 무엇보다 신성한 창조주로부터 끊임없이 밀어내어 격리합니다. 간단히 말해서 우리는 마음의 황무지를 정처 없이 떠도는 난민입니다. '저항하지 말라'고 한 예수 그리스도의 교훈을 흘려버립니다. '평화는 내게서 시작된다'는 교훈 역시 잘 알지 못합니다.

저항은 우리를 지속적인 불안과 영적, 정신적, 육체적, 재정적, 물질적 궁핍 상태로 몰아넣습니다. 우리는 자연스러운 흐름을 계속 거슬러 올라가고 있다는 것을 모르고 있습니다. 셰익스피어는 알았던 그것을 우리는 깨닫지 못하죠. 무의식적으로 경험하는 백만 비트 중에서 인식하는 양은 1비트에 불과하기 때문이에요. 그 1비트는 우리가 구원되는 데 아무런 쓸모가 없습니다."

그렇게 멋진 저녁 시간의 서막이 올랐다.

휴렌 박사는 우리가 함께 저녁을 먹게 될 장소를 둘러보고 싶다고 했다. 그곳은 텍사스 오스틴의 중심가에 위치한 호텔 꼭대기 층의 커다란 행사장이었다. 매니저가 정중하게 우리를 방으로 안내했다. 휴렌 박사가 우리 둘만 있게 자리를 비켜 달라고 요청하자 매니저가 방을 나갔다.

"소감이 어떻습니까?"

그가 내게 물었다.

나는 주위를 둘러보며 말했다.

"카펫을 청소해야겠네요."

"어떤 인상을 받았나요? 옳고 그름을 따지자는 게 아닙니다. 당신이 받은 인상이 내가 받은 인상과 다를 수 있어요."

나는 긴장을 풀고 그 순간에 집중했다. 갑자기 수많은 왕래와 피곤, 그리고 어둠이 느껴졌다. 나는 그것이 무엇을 의미하는지 알지 못한 채 휴렌 박사에게 내 느낌을 그대로 말했다.

"이 방은 피곤해 하는군요."

그가 말했다.

"많은 사람들이 들락거리지만 아무도 이 방을 사랑하지는 않아요. 고마움을 표현해야 해요."

다소 이상한 말이었다. 방이 사람이라도 된다는 말인가? 감정을 가졌다고?

"자기 이름이 쉴라라고 하는군요."

"쉴라요? 그게 이 방의 이름입니까?"

"쉴라는 우리가 자신에게 감사하는지 알고 싶어 해요."

솔직히 어떤 반응을 보여야 할지 알 수 없었다.

"여기서 우리의 행사를 치러도 될지 허락을 구해야 합니다. 지금 그래도 괜찮은지 방에게 물어보고 있어요."

"뭐라고 합니까?"

질문하면서도 왠지 내가 바보스럽게 느껴졌다.

"괜찮다고 하네요."

"잘됐군요."

나는 지불한 방 값이 환불이 안 된다는 점을 떠올리며 대답했다.

그가 계속해서 설명했다.

"한번은 어떤 강당에서 강의 준비를 하고 있었습니다. 나는 의자들에게 말을 걸었죠. '누구 빠진 사람 있나요? 내가 돌봐야 할 문제를 가진 친구가 있나요?' 그랬더니 의자 하나가 대답했어요. '오늘 먼저 있었던 세미나에서 돈에 쪼들리는 어떤 남자가 내 위에 앉았었는데 지금 힘들어서 죽을 것만 같아요!' 그래서 내가 그 문제를 정화했죠. 그러자 의자가 똑바로 일어서는 것을 볼 수 있었죠. '좋아! 다음 사람을 받을 준비가 됐어!'라는 말이 들리더군요."

이제는 의자랑 얘기한다고?

나는 마음을 열고 그의 희한한 치료 이야기를 더 듣기로 했다. 박사가 설명을 이어갔다.

"나는 이제부터 이 방에게 호오포노포노를 가르칠 겁니다. 방과 이 안의 모든 것들에게 말을 걸 거예요. '호오포노포노를 어떻게 하는지 알고 싶지 않아? 난 조금 있으면 여길 떠날 거야. 그 전에 너를 위해 호오포노포노를 한다면 근사하지 않겠어?' 그러면 어떤 친구는 좋다고, 어떤 친구는 싫다고, 어떤 친구는 '난 너무 피곤해!'라고 대답하죠."

많은 고대 문명에서 모든 것을 살아 있는 것으로 여긴다는 사실이 떠올랐다. 짐 패스파인더 유잉은Jim PathFinder Ewing 『정화Clearing』에서 "모든 장소에는 에너지가 고여 있다."고 말했다. 방과 의자가 감정을 지닌다는 상상을 무조건 미친 생각쯤으로 치부해 버릴 일은 아니다. 사고의 지평을 넓히고 생각해 보자. 물리학의 관점에서 본다면 아무리 견고해 보이는 물체라고 해도 그것을 구성하는 것은 오직 에너지다. 따라서 방과 의자에게 말을 거는 것은 새롭고 더 깨끗한 형태로 에너지를 재배치하는 하나의 방법이 될 수 있다.

하지만 의자와 방이 대답을 한다는 것은 여전히 쉽게 이해되지 않았다. 그 점에 대해서는 받아들일 마음의 준비가 덜 되어 있었다.

휴렌 박사는 창문 너머로 도시의 마천루 숲을 바라보았다. 거대한 빌딩들, 주 의사당 건물, 지평선이 아름답게 보였다. 하지만 휴렌 박사에게는 아닌 모양이었다.

"비석들이 보입니다. 이 도시는 죽은 자들로 가득해요."

나는 창밖을 내다보았다. 무덤도 죽은 자도 보이지 않았다. 그저 흔한 도시의 풍경이었다. 휴렌 박사는 매 순간 좌뇌와 우뇌를 모두 동원해 건물들로부터 상징을 찾아내고 그것들에게 말을 걸었다. 그에 비하면 나는 눈 뜬 장님이었다.

우리는 호텔 행사장에서 30분 정도를 머물렀다. 그동안 휴렌 박사는 걸어 다니며 방을 정화했다. 쉴라에게 용서와 사랑을 구하면서 정화하고, 또 정화하고, 또 정화했다.

그가 어디론가 전화를 걸었다. 그러고는 상대방에게 그가 어디에 있는지 설명하고 자신에게서 어떤 인상을 받았는지 물었다. 전화를 끊은 그는 나와 테이블에 앉아 이야기를 나눴다.

"내 친구 말이, 우리가 이 방을 사랑한다면 여기서 저녁 식사를 하도록 이 방이 허락을 할 거라는군요."

"어떻게 사랑을 해야 하죠?"

"그냥 '너를 사랑해'라고 말하면 됩니다."

바보처럼 느껴졌다. 방에게 '너를 사랑해'라고 말하라고? 하지만 나는 최선을 다했다. 전에 겪은 바에 의하면 반드시 사랑하는 느낌이 있어야만 효과를 발휘하는 것은 아니었다. 그냥 그렇게 말해야 했다. 그래서 나는 그렇게 말했다. 몇 번 그렇게 말하다 보면 실제로 그런 감정이 솟아나니까.

몇 분간 침묵이 흐른 후, 휴렌 박사는 그의 지혜를 더 쏟아 놓았다. "우리 각자가 품고 있는 것, 즉 기억이나 영감은 인간에서부터 광물, 채소, 동물에 이르기까지 모든 것들에게 즉각적이고 절대적인 영향을 미칩니다. 한 사람의 무의식 속에서 기억이 신성에 의해 제로 상태로 바뀔 때 모든 것들의 무의식 속 기억이 제로 상태로 바뀌게 됩니다. 모든 것들에게서 말입니다!"

그는 잠시 멈추었다가 계속 이야기했다.

"죠셉, 당신의 영혼 속에서 매 순간 일어나는 일들은 동시에 모든 영혼들에게서 일어납니다. 얼마나 경이롭습니까. 더욱 경이로운 것은 우리가 신성한 창조주에게 우리의 무의식 속에서 이런 기억들을 삭제하고 제로 상태로 만들어 달라고 청원할 수 있다는 것이고, 우리와 모든 것들의 영혼 속에서 신성의 생각과 말, 행위, 행동으로 변화가 일어난다는 것입니다."

당신이 이 말을 들었다면 어떻게 대답하겠는가? 그 순간 내게 떠오른 생각은 오직 '당신을 사랑합니다' 뿐이었다.

Zerolimits

신성과 함께 한 식사

> 용서와 회개, 변형의 과정인 호오포노포노는
> 유독한 에너지를 비워 버리고 그 자리를 사랑으로 채워 달라고
> 사랑에게 청원하는 작업입니다. 사랑은 마음속으로
> 흘러 들어와서 그 임무를 완수하지요.
> ― 이하레아카라 휴렌

휴렌 박사와 함께 하는 저녁 식사 모임을 위해 알래스카와 뉴욕을 비롯한 각지의 사람들이 오스틴으로 모여들었다. 오클라호마에서 자동차로 온 사람도 있었다. 그들이 왜 왔는지는 알 수 없었다. 어떤 사람들은 호기심에서, 어떤 사람들은 내 책의 팬이라서 나와 함께 보조를 맞추고 싶었을 것이다.

나는 여전히 뭐라 할 말이 없었다. 어디서부터 시작해야 할지 막막했다. 휴렌 박사는 마음 편히 그 흐름을 따라가는 것 같았다. 그는 테이블에 앉아 식사를 했고 모두들 그가 하는 말을 한 마디도 놓치지 않고 경청했다. 아래의 글은 내 친구 신디 캐쉬맨―그녀는 최초로 우주에서 결혼을 하겠다는 계획을 갖고 있다—의 모임 후기이다.

2006년 2월 25일 토요일. 나는 휴렌 박사의 강연을 듣기 위해 오스틴 시내로 갔다. 그리고 그의 옆자리에 앉아 함께 식사를 했다. 그가 전하는 메시지는 '백 퍼센트의 책임'이었다.

그날 나는 어떤 강력한 에너지가 이동하는 것을 목격했다. 우리 테이블의 한 여자가 자신이 천식으로 인한 발작을 일으켰을 때 병원으로 전화를 걸어 주지 않았던 어떤 남자를 계속 원망하고 있었는데, 잠시 후 휴렌 박사는 이렇게 말했다.

"제 관심사는 오로지 부인입니다. 물을 많이 마시면 천식에 좋다는 얘기가 들렸습니다."

그러자 그녀의 에너지가 곧바로 원망에서 감사로 바뀌었다. 나는 이것을 목격하고 너무나 흥분했다. 조금 전까지만 해도 '비난받아야 할 건 저 여자야'라며 속으로 그녀를 단죄하면서 그녀와 같은 사람들과는 가까이하고 싶지 않다는 마음을 품었기 때문이다. 휴렌 박사는 그 부정적인 에너지를 없애고 그것을 사랑과 긍정의 에너지로 바꿔 놓은 것이다.

나는 가져온 생수 병을 꺼낸 뒤 호텔에서 나온 물을 가리키면서 휴렌 박사에게 말했다.

"여기 물은 맛이 별로군요!"

그러자 휴렌 박사가 내게 말했다.

"방금 무슨 일을 하셨는지 아세요?"

그의 말을 듣자 내가 방금 그 물에 부정적인 기운을 보냈다는 걸 깨달았다. 그렇구나! 내 행동을 깨닫게 해 주다니, 정말 고마웠다.

그는 자신을 항상 정화한다며 그 방법을 알려 주었다. 방금 전 부인이 원망에 찬 말을 쏟아 놓을 때 휴렌 박사는 이렇게 자문했다고 한다.

"내 안의 어떤 것이 이 부인 안에서 문제를 일으켰을까? 어떻게 그것을 백 퍼센트 책임질 수 있을까?"

그는 그의 에너지를 신성에게 보내고 말했다.

"감사합니다. 사랑합니다. 미안합니다."

그러자 신성의 말이 들려왔다.

"부인에게 물을 많이 마시라고 말하라."

그는 내게 이렇게 덧붙였다

"나는 어떻게 정화를 해야 할지를 알지요. 결과적으로 부인은 그녀가 필요한 것을 얻었고 나는 내가 필요한 것을 얻었습니다."

그가 신에게 이야기를 하면 신은 사람들에게 이야기를 한다. 따라서 나 자신이 깨끗해지면 나는 신이 보는 것처럼 모든 사람을 보게 될 것이다.

나는 휴렌 박사에게 나와 따로 만날 의향이 있는지를 물었지만 그는 거절했다. 신성이 그에게 말하기를, 내가 이미 내직인 깨우침을 얻었다는 것이었다.

그에게서 직접 확인을 받고 나자 기분이 좋아졌다.

오늘 밤 내가 얻은 깨달음은 대략 이렇다.

1. 휴렌 박사는 그 부인의 에너지를 원망에서 감사의 에너지로 바꾸었다.
2. 내가 그 부인과 물을 어떻게 판단하고 있었는지를 인식하게 되었다.
3. 그가 자기 자신을 정화하는 데 사용하는 방법과 그것이 우리 모두에게 얼마나 강력한 힘을 발휘하는지를 알게 되었다.
4. '감사합니다'와 '사랑합니다'라는 말을 좀 더 자주 할 필요가 있다.

나는 정신 병동 전체를 치유한 이 불가사의한 심리치료사를 어떻게 알게 되었는지에 대한 설명으로 자연스럽게 저녁 모임을 시작했다. 모두들 내게 주목했다. 소크라테스와 플라톤의 대중 강연처럼 사람들이 질문을 할 수 있도록 초대한 것이었지만, 정작 나는 플라톤이라기보다 어린아이가 된 기분이 들었다.

휴렌 박사는 이렇게 말문을 열었다.

"사람들은 믿음이 어떻고, 감정이 어떻고, 문제가 어떻고 하는 질문을 잘 합니다. 나는 '어째서 그렇다' 하는 허튼소리는 다루지 않지만 여러분들이 내게 그런 것들을 물을 테니 그것을 다뤄야 하겠지요! 하지만 손이 뭔가에 닿았을 때 뜨겁다면 재빨리 손을 떼는 것처럼 뭔가 떠오르면, 심지어 그것이 미처 떠오르기 전에 나는 손을 떼 버립니다.

그건 내가 이 방에, 이 신성한 방에 들어오기 전에 이 방과 이야기를 나눈 것과 같습니다. 나는 방에 들어오기 전 방에게 이름이 뭐냐고 물었죠. 이 방은 이름을 가지고 있으니까요. 그리고 '내가 방으로 들어와도 괜찮겠지?'라고 물었습니다. 방이 '좋아, 들어와도 돼'라고 말하더군요. 그런데 이런 표현 양해해 주시길 바랍니다만, 방이 '아니, 넌 쓰레기야' 할 수도 있었겠죠. 그래서 나는 늘 나 자신을 바라보면서 내가 해야 할 일을 합니다. 흔히들 '의사들이여, 네 자신부터 고쳐라!Physicians, heal thyself!(남의 허물이나 잘못을 고치려 들기 전에 자신부터 돌아보라는 속담으로 성경 누가복음 4장 23절에 등장한다. 예수는 수많은 기적을 일으키고 나서 고향 나사렛으로 돌아갔을 때 이 속담을 들어 자신에게 돌아올 의심과 시험을 표현했다―옮긴이)'라는 얘기를 합니다. 나는 치유가 되어 문제가 없는 방에 들어가고 싶습니다. 최소한 당분간이라도."

나는 장내 정리를 위해 잠시 끼어들었다. 모든 사람들에게 휴렌 박사가 누구이며 왜 우리가 그 자리에 모였는지 알려 주고 싶었다. 우리는 자발적으로 그 자리에 모였으며 그 자리는 형식에

치우친 자리가 아니었다. 나는 모두에게 편안하고 열린 마음으로 임해 달라고 부탁했다. 휴렌 박사와 함께하면 어떤 말이, 어떤 일이 벌어질지 아무도 모른다고.

박사는 유방암에 걸리는 이유가 무엇인지 모두를 향해 물었다. 아는 사람이 없었다. 그 역시 마찬가지라고 했다. 그러고 나서 우리는 수백만 비트의 정보가 넘쳐흐르는 정보의 홍수 속에 살고 있지만 정작 한 번에 고작 20비트의 정보만을 인식할 수 있다고 지적했다. 이것은 그가 여러 차례 반복한 주제이자 그가 전하고자 하는 핵심 메시지였다. 우리는 아무것도 모른다!

"과학은 우리의 삶에 대해 확신이 없습니다. 심지어 수학에서도 영^{zero}의 개념은 불명확합니다. 찰스 자이페$^{Charles\ Seife}$는 그의 책 『제로: 위험한 개념의 역사 $^{Zero:\ The\ Biography\ of\ a\ Dangerous\ Idea}$』에서 '과학자가 알고 있는 것은 우주가 무로부터 나왔다는 것과 무로 돌아간다는 것뿐이다. 우주는 제로로부터 시작해 제로에서 끝난다'고 결론지었습니다."

휴렌 박사는 계속해서 말했다.

"따라서 나는 내 마음의 우주를 제로 상태로 되돌렸습니다. 그 제로에는 어떤 데이터도 없습니다. 제로 상태를 표현하는 다른 말들, 즉 허공, 텅 빔, 순수 같은 말을 들어 보셨을 것입니다. 어떤 말로 부르든 그건 중요하지 않습니다. 중요한 것은 내 마음이 현재 제로 상태로 돌아가 있다는 것입니다. 어떤 일이 일어나든, 설령 내가 그걸 인식하지 못한다 하더라도, 지금부터 제가 드릴 말씀은 지속적이고 끊임없는 영점화^{zeroing}에 관한 것이고 저는 제로 상태에 머무를 수 있습니다."

대부분의 사람들이 휴렌 박사의 말에 집중하고 있었지만 나처럼 여전히 감을 잡지 못하고 있는 사람도 몇 명 있었다. 휴렌 박사는 말을 이었다.

"여러분의 마음이 제로에 있을 때 창조가 일어납니다. 그걸 '영감을 얻는다'라고 합니다. 이 영감을 하와이 말로 '하'라고 부릅니다. 하와이에 가보신 적이 있는지 모르겠지만 하와이^{Hawaii}의 '하^{ha}'는 영감을 뜻합니다. '와이^{wai}'는 물을, '이'는 신성을 뜻하죠. 따라서 하와이는 '신성의 숨결과 물'이 됩니다. 하와이라는 말 자체가 정화의 과정이기 때문에 나는 어디에 가든, 예를 들어 방에 들어가기 전에 점검을 합니다. '내가 모르지만 정화해야 하는 것은 무엇일까? 어떻게 되어 가는지 모르겠어. 그게 뭘까?' 하고요. 내가 하와이라 불리는 정화 과정을 적용하면 나는 인식하지 못하고 있던 정보를 얻고 제로 상태로 돌아갈 수 있게 됩니다.

오직 제로 상태로요……. 여러분이 깨달아야 하는 것은, 마음은 두 주인을 번갈아 한 번에 한 명씩 섬길 수 있다는 겁니다. 여러분 마음속에 있는 다른 무엇을 섬기지 않으면 영감을 섬기겠죠. 그 다른 것이 바로 기억입니다."

얘기가 점점 더 흥미진진해지면서 한층 더 심오해졌다.

"신성한 지혜는 모든 영감이 나오는 원천인데 그것은 바로 여러분 안에 있습니다! 저기 어디 밖에 있는 것이 아닙니다. 찾으러 다닐 필요가 없습니다. 찾으러 다니지 마세요! 이미 여러분 안에 있습니다! 그 다음 단계는 초의식입니다. 아주 간단합니다. 하와이 인들은 이것을 '아우마쿠아^{Aumakua}'라고 부릅니다. '아우^{au}'는 시간과 공간의 초월을 뜻하고 '마쿠아^{makua}'는 신성한 영혼 혹은 신을 의미하죠. 즉 시간을 초월하고 경계가 없는 여러분의 일부를 뜻합니다. 여러분 속의 그 부분은 무슨 일이 일어나고 있는지를 정확히 알고 있습니다. 그 다음으로 여러분에게는 의식적인 마음이 있습니다. 하와이인들은 그것을 '우하네^{Uhane}'라고 부르죠. 그리고 하와이 인들이 '우니히피리^{Unihipili}'라고 부르는 무의식의 마음이 있습니다. 따라서 깨어 있기 위해 명심해야 할 점은 질문을 던지는 겁니다. '나는 누구인가?' 여러분의 인격은 이러한 마음의 요소들로 구성되어 있습니다. 그런데 바로 이 마음은 비어 있습니다. 이 마음은 제로입니다. 그렇다면 여러분은 누구일까요? 여러분은 신성한 존재입니다. 그것이 제로입니다. 그런데 왜 제로 상태가 되어야 할까요?

제로 상태에서는 모든 것이 가능합니다! 모든 것이요! 여러분이 신성의 이미지로 창조된다는 뜻입니다. 나는 몇 가지 들은 바가 있기 때문에 이 점에 대해 말씀드리겠지만 여러분이 신성에 의해 정화되기를 바랍니다.

여러분은 신성의 이미지 안에서 창조되었습니다. 즉 동전의 한 면인 무한한 공*으로 창조되었다는 뜻입니다. 쓰레기들을 내보내고 텅 비게 되는 순간, 영감이 여러분의 존재를 채우면서 여러분은 자유로워집니다. 심지어 여러분이 자유롭다는 걸 알 필요도 없습니다. 어차피 대부분은 그걸 모를 테니까요. '어디에 있지? 어디에 있어? 난 깨끗해졌는데 말이야! 이런, 그게 어디 있는지 내게 말해 봐. 더 노력해야겠군.' 이렇게 대부분은 알지 못합니다!

자주 벌어지는 일입니다만, 지성은 정체 상태에 빠질 때 더 깊은 수렁으로 점점 깊이 빠집니다. 하와이인들은 이걸 '쿠카이 파아Kukai Pa'a'라고 부릅니다. 쿠카이 파아가 무슨 뜻인지 아는 사람 있습니까? 한마디로 '지적 변비'란 뜻입니다."

그러자 어떤 사람이 물었다.

"어떤 사람과 분쟁이 생겼을 때, 고쳐야 할 사람이 상대방이 아니라 나 자신이라고 말씀하시는 건가요?"

"누군가와 분쟁이 생겼다면 그건 그 사람 때문이 아닙니다. 기억이 활동하는 거죠. 우리가 상대하는 건 그 기억입니다. 우리는 바로 그 기억과 싸우고 있는 겁니다. 그 사람이 아니죠.

저는 남편이나 아내를 미워하는 사람들을 많이 봐 왔습니다. 한번은 어떤 여자가 이렇게 말하더군요. '뉴욕으로 떠날까 해요. 그곳에서 더 좋은 기회를 잡고 싶어요.' 그때 신성이 말하는 것을 들었습니다. '그녀가 어딜 가든 기억은 그녀를 따라갈 거야!'"

휴렌 박사는 누군가 그에게 상담 치료를 신청하면 전화를 건 사람이 아니라 박사 자신을 들여다본다고 설명했다.

"예를 들어 보죠. 얼마 전 나는 92세 노부인의 딸로부터 전화를 받았습니다. 그녀는 어머니가 몇 주 전부터 옆구리에 심한 통증으로 고생하고 있다고 말했습니다. 그녀가 내게 말을 하는 동안 나는 신성에게 이런 질문을 던졌습니다. '내 안의 무엇이 그 부인의 통증을 일어나게 했을까?' 그러고 나서 다시 물었습니다. '내 안의 그 문제를 어떻게 교정할 수 있을까?' 그 질문에 대한 대답이 들려왔고 나는 하라는 대로 했습니다.

일주일쯤 뒤에 그 여자가 다시 전화를 해서는 어머니가 이제 괜찮아졌다고 말하더군요. 물론 문제가 다시 재발하지 않는다는 뜻은 아닙니다. 같은 문제로 보이는 경우에도 원인은 여러 가지일 때가 많으니까요. 하지만 나는 그 부인이 아니라 나 자신을 치유했습니다."

어떤 사람이 해외에서 벌어지는 전쟁들에 대해 물었다. 그는 그것 역시 자기 책임인지 궁금해 했다. 더 정확히 말하자면 휴렌 박사가 그것에 대해 무얼 할 수 있는지를 알고 싶어 했다.

"물론 나에게 책임이 있다고 생각합니다! 나는 매일 정화 작업을 하기는 하지만 그것이 해결되기를 바라며 정화 작업을 하지는 않습니다. 무슨 일이 일어날지는 오직 신만이 알죠. 나는 내 역할인 정화 작업을 할 뿐입니다. 병원들이 모두 문을 닫을 때까지요. 하와이에는 살인자들을 위한 정신병원이 더 이상 운영되지 않아요. 하와이에는 없습니다! 나는 최선을 다해 내 역할을 다하는 겁니다. 만약 내가 정화 작업을 더 많이 한다면 더 나은 결과가 나올 수도 있겠지만 나는 한 인간으로서 최선을 다하고 있는 겁니다."

휴렌 박사의 얼굴에서 점점 피곤해 하는 기색이 보였다. 그만 그 자리를 끝내고 싶어 하는 것 같았다. 모두에게 인상적인 저녁 식사 자리였다. 하지만 그것이 끝은 아니었다.

다음 날 아침, 나와 휴렌 박사, 그리고 『말들의 도 The Tao of Horses』라는 책을 쓴 작가 엘리자베스 카예 맥콜 Elizabeth Kaye McCall을 비롯해서 몇 명이 모여 함께 아침을 먹었다. 휴렌 박사와 함께하는 시간이 길어질수록 내 마음은 점점 고요해졌다. 어쩌면 그게 제로 상태일 수도 있었다.

그때 주말 세미나를 열자는 생각이 별안간 떠올랐다. 이름하여 '성취를 넘어서'. 어디서 그런 생각이 나왔는지 알 수 없었다. 그것이 신성이 보낸 영감이라는 걸 이제는 알지만, 그때는 그저 우연히 스치는 좋은 아이디어로만 생각했다.

당시에 나는 프로젝트니, 여행이니, 프로모션이니, 보디빌딩 대회니 여러 가지로 바빴다. 굳이 할 일을 하나 더 늘릴 필요는 없었다. 그래서 나는 그 생각을 잠시 접어 두기로 했다. 그러나 시간이 지나면 잊히겠거니 했던 그 생각은 도무지 사라지지를 않았다. 사흘이 지나도록 내 머릿속을 맴돌았던 것이다. 휴렌 박사는 어떤 생각이 몇 차례 정화 작업을 거친 후에도 남아 있으면 실행에 옮기라고 말했다. 나는 주소록에 있는 사람들에게 내 생애 가장 두서없는 이메일을 보냈다. 그런데 놀랍게도 메일을 발송한 지 단 3분 만에 한 사람이 전화를 해서 행사에 참가하겠다고 말했다. 때마침 컴퓨터 앞에 앉아 있었던 그는 내게서 소식이 날아오기를 기다린 셈이 됐다.

이후 등록자는 줄을 이었다. 나는 행사에 참석할 사람으로 스물다섯 명 정도를 원했다. 즉 그 인원은 내가 정한 한계선이었다. 대화를 하고 의견을 나누려면 2천5백 명보다는 스물다섯 명이 더 낫지 않은가. 게다가 전에는 이런 세미나를 해 본 적도 없었다. 사실 그걸 어떻게 해야 하는지조차 알지 못했다.

나는 휴렌 박사에게 내게 떠오른 영감과 걱정들을 말해 주었다.

"내가 해 줄 조언은 계획하지 말라는 것뿐입니다."

그가 말했다.

"하지만 나는 늘 계획하는걸요. 원고를 만들고 파워 포인트로 자료를 만들어 나눠 줍니다. 내가 어느 부분을 이야기하고 있는지 알아야 마음이 놓이거든요."

"신성이 당신을 돌본다고 믿으면 기분이 더 나아질 겁니다. 이 부분을 정화합시다."

나는 이 문제가 그의 경험 영역 내로 들어가 그의 관심사가 되었다는 것을 깨달았다. 역시 모든 것이 공유되고 있었다. 다른 사람의 경험이 내 경험이고 내 경험이 다른 사람의 경험이 된다.

나는 행사 준비를 하지 않으려고 최대한 노력했다. 하지만 두려움에 무릎을 꿇는 바람에 결국 모두에게 나눠 줄 매뉴얼을 만들고 말았다. 그러나 실제로 그 자료를 사용하지는 않았고 두 번 다시 쳐다보지도 않았다. 물론, 그걸 신경 쓰는 사람도 없었다.

나는 이런 말로 행사를 시작했다.

"뭘 해야 할지 모르겠군요."

모두들 웃음보를 터뜨렸다.

"정말입니다. 무슨 말을 해야 할지 모르겠습니다."

사람들이 또다시 웃었다.

나는 사람들에게 휴렌 박사와 호오포노포노에 대해, 그리고 '내가 나의 현실을 창조한다'는 말에 일반적으로 생각하는 것 이상의 의미가 담겨 있는 이유에 대해 말했다.

"여러분의 인생에 달갑지 않은 누군가가 있다면 그 사람은 여러분 스스로가 만든 것입니다. 여러분이 자신의 현실을 창조한다면 그들 역시 여러분이 만든 것이죠."

그 후로 경이로운 시간이 펼쳐졌다. 지금도 그때 행사에 참석한 모든 사람들과 찍은 단체 사진을 볼 때면 우리가 나눈 훈훈한 사랑을 오롯이 느낄 수 있다. 하지만 내게 이것은 시작에 불과했다.

배워야 할 것은 여전히 많았다.

증거

당신의 빛을 비추려면 어둠 속으로 들어가야 한다.
— 데비 포드, 『빛을 좇는 자들의 어두운 측면 The Dark Side of the Light Chasers』 중에서

많은 사람들이 '성취를 넘어서'의 모임에서 돌파구를 찾았다. 이번에 들려줄 그들의 진솔한 이야기에서 여러분은 호오포노포노의 힘을 느끼게 될 것이다.

다음은 이 모임에 참석한 루이스 그린의 이야기다.

조에게

휴렌 박사와의 저녁 식사 자리를 마련해 주신 점 다시 한 번 감사드립니다. 저를 위해 하얏트에서 채식 식사를 주문해 주고 이것저것 신경 써 준 수잔에게도 감사의 마음을 전합니다. 조, 당신과 네리사와 함께

정말 즐거운 시간을 보냈습니다. 당신들 둘뿐 아니라 우리 테이블의 다른 훌륭한 분들을 알게 돼서 기뻤습니다. 게다가 나는 맨 앞자리에 앉아 휴렌 박사의 이야기를 듣는 특권과 박사님에게 은혜롭고 관대한 조언까지 듣는 호사를 누렸습니다.

그날 밤 이후 2주 동안 제게 놀라운 일들이 줄줄이 일어났습니다. 그것들을 당신과 함께 나누고 싶습니다. 휴렌 박사님이 저를 위해 신성에게 정화 기도를 하셨지요. 그래서 틈날 때마다 호오포노포노를 하는 동안 그 기도 덕을 보았습니다. 지금부터 제게 일어난 놀라운 얘기를 들어 주세요.

첫 번째는 휴렌 박사와 함께 보낸 저녁 식사에 대해서 글을 써달라는 요청을 수잔으로부터 받은 일입니다. 흥미롭게도 조 비테일의 『인생의 놓쳐버린 교훈 Life's Missing Instruction Manual』을 구입하고 조와 휴렌 박사의 대담을 녹음한 MP3 파일을 다운로드 받은 직후였죠. 말 그대로 오디오 파일을 막 듣고 났을 때 메일함에서 수잔의 이메일을 발견했습니다.

두 번째는 정말 믿지 못할 일입니다. 저는 2월 23일 오스틴으로 떠나기 전 제출할 신규 소송 서류가 있었습니다. 서류 준비가 덜 끝나 출발 전에 우체국에 다녀오지 못하고 다음 날(2월24일) 오스틴 우체국에서 서류를 우편으로 부쳤습니다. 그런데 어찌 된 일인지 그 서류는 배달 중에 사라졌고 3월6일 월요일이 돼서야 목적지에 도착했습니다.

저는 전국의 소비자 권익 전문 변호사들의 온라인 토론장 리스트서브의 회원입니다. 지난 금요일 오후, 코네티컷의 한 변호사가 오클라호마 주 커내디언 카운티에 제출된 한 소송 사건의 요약 내용을 게시판에 올렸습니다. 한데 툴사에 있는 내 동료들이 그 소송을 제기했는지 묻더군요. 저는 거의 쓰러질 뻔했습니다. 그건 내 사건이었습니다. 저는 그녀에게 이메일로 답장을 보낸 뒤 그녀가 어떻게 그 사건에 대해 알고 있는지 물어보려고 그녀의 사무실로 전화를 걸었습니다. 그 후 몇 시간 동안 구글을 뒤졌지만 아무런 성과도 없었죠.

그녀에게서 답장이 왔습니다. 그녀는 전국의 법률 소송과 여론을 모니터해서 중요하거나 흥미롭다고 판단되는 것들을 기사로 싣는 〈코트하우스 뉴스 서비스〉라는 온라인 소식지를 구독 중이라고 했습니다. 그런데 그 한 문장짜리 요약문이 그 웹사이트의 메인 화면 오른쪽에 실렸다는 것이었어요. 저는 그 사건을 홍보한 적이 없었습니다. 게다가 그날 일찍 그 사건의 고객의 아버지가 제 사무실에 들렀을 때 재판이 만만치 않을 거라고 우려했을 정도였습니다. 그런데 매일 수천 건씩 접수되는 사건들 중에서 내 사건이 뉴스화된 겁니다!

다음은 지방 채식주의 단체 회원인 어느 참석자의 경험담이다.

우리 단체는 보통 매월 둘째 주 토요일에 정기 모임을 갖습니다. 회장과 함께 3월 모임을 점검하고 있을 때 아무런 준비가 되어 있지 않다는 사실을 알게 됐습니다. 저는 자청해서 행사 준비를 맡았지요. 2월 28일 화요일, 최고급 레스토랑을 한 군데 방문했지만 하필 식당 주인은 3월 3일 금요일까지 출장을 떠나고 없었습니다. 식당 사람들에게 부탁해서 주인이 돌아오는 즉시 제게 전화를 달라는 메시지를 남겼지만 결국 아무 연락이 없었습니다.

다음 날인 3월 1일 수요일, 저는 한 타이 음식점을 찾아갔습니다. 가게 문을 연 지 고작 몇 달밖에 되지 않은 곳이었습니다. 전 매니저에게 저녁 식사로 채식 뷔페를 준비해 줄 수 있느냐고 물었습니다. 그동안의 참석률을 고려하면 스무 명가량은 고정으로 참석하며 많아야 서른 명을 약간 웃돈다고 말했죠. 그는 내 제안을 받아들였지만 여분으로 많은 음식을 준비했는데 아무도 나타나지 않은 경우 타격이 크다면서 100달러를 보증금으로 지불하라고 했습니다. 메뉴를 보고 이게 웬 횡재냐 싶었습니다. 단돈 8달러에 채식주의자를 위한 초밥과 스프, 앙트레^{entree}(구운 고기 이외의 주 요리—옮긴이) 네 가지, 후식, 차까지 준다니 말이죠. 그는 주인에게 허락을 얻을 테니 보증금을 수표로 준비하라고 했습니다. 그리고 3월 2일에 예약을 완료했습니다. 저는 회장에게 이 사실을 알리고 그 식당이 마음에 든다면 우리의 인터넷 소식지에 그 얘기를 싣자는 짤막한 내용을 이메일로 보냈습니다. 저녁 식사 모임을 3월 11일 토요일로 정하고 참석할 사람은 3월 9일 오후 다섯 시까지 신청하라고 알렸습니다.

보통 우리 회장은 매달 초를 전후해서 소식지를 발송합니다. 대부분은 이메일로 소식지를 받지만 몇몇은 그보다 느린 실제 보통 우편으로 받기도 하죠. 우리는 소식지를 지역 건강 음식점과 도서관에 붙여 놓았습니다. 하지만 이번에는 시간에 쫓긴 우리 회장이 소식지를 따로 만들지 못해서 내 이메일을 약간 손질하여 3월5일 일요일 밤에 공문을 띄웠습니다. 보통 우편의 공문은 월요일에 엽서 형식으로 보냈고 따로 일반 사람들에게는 알리지 않았습니다. 사실 20명만 와도 성공이라고 생각했지요.

월요일이 되자 답신이 조금씩 들어오기 시작해 13명을 채웠습니다. 보증금은 건질 수 있겠다는 생각이 들었지요. 그런데 수요일 아침이 밝으면서 회신 메일이 쏟아지기 시작했습니다. 한 번도 이런 일이 없었거든요. 급기야 인원이 37명으로 늘었습니다. 이러다가는 예기치 못한 문제에 봉착하겠다 싶어 저는 식당 매니저에게 전화를 걸어 식당이 몇 명까지 수용할 수 있는지를 물었더니 65명까지 가능하다고 했습니다. 회신은 목요일에도 줄줄이 들어와서 마감일까지 무려 55명이 참석 의사를 밝혔습니다. 저는 너무 흥분한 나머지 일에서 손을 놓고 몇 분 간격으로 들어오는 이메일을 점검하는 데 하루를 다 보냈습니다. 매니저에게 전화를 걸어 그렇게 많은 인원을 수용할 수 있겠느냐고 물었고 그는 '물론'이라고 대답했습니다.

저는 목요일에는 저녁에 카발라^{Kabbalah}(유대교 신비 철학—옮긴이) 수업을 듣기 때문에 아홉 시가 넘어야 집에 들어갑니다. 귀가해서 자동응답기와 메일함을 확인했더니 신청자가 더 늘어 있었습니다. 모두 합쳐서 67명. 이 과열 현상에 어떻게 대처해야 하나 심각하게 고민을 했습니다. 마침 좋은 생각이 떠올랐습니다. 마감 시간을 넘겨 모임에 참석하게 해 달라고 부탁한 지각생들은 조금 늦게 참석시키면 되겠구나 싶었죠. 금요일과 토요일에도 회신이 이어졌고 총 신청 인원이 75명이 되었습니다.

행사는 대성공이었습니다! 예약자 전원이 참석하지도 않았지만 예약하지 않은 사람들이 몇 명 나타났습니다—늘 있는 일이죠. 식당 안에는 경건한 에너지가 넘쳤고 시간이 지나면서 모든 좌석이 가득 찼습니다. 예전에 타이 음식을 준비했던 사람들은 깊은 인상을 받았고 십 년 된 창립 멤버들 중 몇몇은 오클라호마 주 채식주의자 모임 역사상 이렇게 많은 인원이 참석한 건 처음이라고 말했습니다. 시간차 좌석 배치가 완벽하게 효과를 발휘한 거죠. 그냥 식사를 하러 왔던 손님들은 토요일 저녁을 즐기러 다른 곳으로 가야 했습니다. 하지만 나중에 온 우리 참석자들을 위한 자리는 항상 마련되어 있었습니다. 그날 식당 안에 있었던 사람들은 자연스레 기분이 한껏 고양되었습니다. 한 번도 이렇게 거대한 모임에 참석해 본 적이 없었기 때문이지요.

이제 호오포노포노를 통해 치유의 방법을 찾은 사람들의 이야기를 본격적으로 들려주겠다. 모두 그들이 쓴 글들이다.

❖ ❖ ❖

2006년 10월, 랜드마크 포럼의 사흘 코스 세미나에 참석 중이던 나는 조의 빠른 치유법 덕에 줄줄 흐르던 눈물을 다행히 멈출 수 있었다. 세미나 진행자는 74명의 사람들을 네 줄로 나누고 '사람들과 함께하기'라는 훈련을 실시했는데 당시 나는 그 훈련을 받다가 그만 눈물보가 터져졌다. 우리는 한 번에 한 줄씩 번갈아 가며 그 훈련을 받았다. 말없이 눈으로만 사람들을 바라보는 훈련이었는데 나는 3번 줄에 속해 있었다.

진행자가 1번 줄 사람들을 무대로 불러내서는 우리들, 즉 청중을 향해 서라고 했다. 그들은 자리에 앉아 있는 우리들을 바라보았다. 그러고 나서 2번 줄 사람들이 무대로 불려 나가 1번 줄 사람들로부터 30센티미터 떨어진 곳에서 1번 줄 사람들과 마주 보고 서도록 지시를 받았다. 그들은 3분 동안 서로의 눈을 응시했다. 그런 다음 2번 줄 사람들은 무대에서 내려가 자리로 돌아갔다. 그러면 1번 줄 사람들은 무대에 남아 자리에 앉은 우리들을 바라보고 우리 역시 그들을 바라보는 종전의 상황으로 돌아갔다.

그런데 웬일인지 무대로 올라갈 시간이 다가올수록 정체 모를 압박감이 심하게 느껴졌다. 손바닥에서 땀이 나면서 자리에 가만히 앉아 있기가 힘들었다. 결코 어려운 일이 아니었다. 친구들이나 심지어 낯선 사람들과 대화를 나눌 때도 언제나 상대편 눈을 똑바로 응시하는 나인데, 이렇게 불안해 할 이유가 없었다.

그때, 진행자가 자신이 랜드마크 세미나를 처음 들었을 때의 이야기라며 들려준 그의 경험담이 생각났다. 그는 20년 전 이 훈련을 받을 때 하도 무릎이 후들거려서 세미나 도우미가 그의 무릎 사이에 상의를 끼워 넣어 소음을 막았다고 했다.

그가 한 말이 자꾸만 생각나면서 그 방에서 뛰쳐나가고 싶은 충동이 일어났다. 그리고 이 훈련을 할 필요가 없다는 생각이 들었다. 나는 이미 사람들의 눈을 똑바로 쳐다보는 데 능숙한 사람이 아닌가! 하지만 이 자리에서 그런 짓은 용납되지 않는다는 걸 알고 있었다. 그래서 그냥 자리에 앉아 땀을 흘리며 안절부절못하고 있었다.

우리 줄이 처음 무대로 불려 나갔을 때 우리는 다른 줄로부터 30센티미터 가량 떨어져 서서 그들의 눈을 응시했다. 다행이었다! 진행자는 우리에게 위치를 지정한 뒤 3분짜리 자아 발견 과정을 시작했다. 한데 10초도 못 되어 울음이 터지더니 눈물이 걷잡을 수 없이 줄줄 흘러내렸다. 이유는 알 수 없었다. 그냥 울음을 멈출 수가 없었다. 맞은편에 선 파트너를 바라볼 때마다 눈물이 흘러내렸다.

"3번 줄 여러분, 왼쪽으로 나가 주세요."

나는 파트너에게 "감사합니다"라고 말하고는 왼쪽으로 나갔다.

도대체 이게 어찌 된 일일까? 자기 안의 목소리가 말을 걸면 그 소리를 경청하라는 지시를 받았지만 아무런 소리도 들리지 않았다. 소리는커녕 무기력한 기분을 느낄 뿐이었다. 어떤 깨달음도 없었다. 무슨 훈련이 이따위람! 나는 혼란스럽고 창피했다.

"3번 줄, 일어나서 오른쪽으로 방향의 무대로 올라가세요."

으악! 또? 내 마음은 비명을 질러댔다.

우리 줄이 무대로 올라가 무대 밖의 사람들과 대면했다. 이번 3분은 무사히 넘길 수 있었다. 나를 쳐다보는 사람을 똑바로 쳐다보지 않았기 때문이었다. 다음으로 4번 줄이 무대로 올라왔고 내 앞에 새로운 파트너가 자리를 잡았다. 내 얼굴에서 불과 30센티미터 거리에. 이번에는 아까보다 나이가 더 들어 보이는 어떤 여성이 나를 향해 수줍은 미소를 던지고 있었다. '좋아, 이번에는 견딜 수 있겠구나.' 나는 그렇게 생각했다. 하지만 훈련을 시작하자마자 눈물이 쉼 없이 흘러내렸다. 파트너의 눈을 들여다볼 때마다 눈물이 줄줄 흘러내려 나는 고개를 돌리고 말았다. 내 파트너는 모든 게 잘될 거라면서 조용히 나를 위로하려고 했다. 진행자는 모두에게 머릿속에 들리는 소리를, 우리가 우리 자신에게 하는 말을 경청하라고 했지만 목소리는 들려오지 않았다. 그렇다면 생각을 듣는 대신 머릿속에 생각들을 채워 넣을 수 있지 않을까? 내 안의 목소리가 내게 말을 걸지 않으니 말이다. 나는 원래 있던 생각들을 비우고 그보다 더 좋은 생각들을 머릿속에 채운 다음 곧바로 내 파트너를 바라보며 생각했다. '고맙습니다. 사랑합니다. 고맙습니다. 미안합니다. 사랑합니다. 고맙습니다······.' 그러자 곧바로 기분이 편안해지면서 내 앞에 있는 여성에 대해 감사하고 사랑하는 마음이 생겼다. 기분이 한결 나아졌고 흐르던 눈물이 멈췄다. 파트너를 똑바로 마주보아도 눈물은 흐르지 않았다.

그런데 이번에는 내 파트너가 울기 시작했다. 눈물이 줄줄 흐르는 얼굴로 머리를 앞뒤로 살짝 흔들면서 그 여자가 속삭였다.

"이제 댁이 나를 울게 만드는군요."

나는 그녀에게 계속해서 내 생각을 보냈다. '고맙습니다. 사랑합니다. 미안합니다. 나를 용서해 줘요. 고맙습니다.' 그때 내 파트너가 명령에 따라 무대에서 내려갔고 나는 다시 나와 우리 줄 사람들을 바라보며 평가하는 관객 50명 앞에 서게 되었다. 내 마음은 완전한 평화의 상태였기 때문에 나를 바라보는 사람들을 바라볼 수 있었다. 그냥 바라보는 게 아니라 탐색까지 하면서. 기분이 훨씬 나아졌다! 나는 낯선 사람들 앞에서 나다울 수 있었다! 모든 사람들을 사랑하고 진심으로, 진심으로 그들에게 감사했다.

곧 훈련이 끝나고 세미나가 재개되었다가 쉬는 시간이 되었다. 내 마지막 파트너였던 그 상냥한 여성이 나를 찾았고 우리는 우리의 경험에 대해 이야기를 나누었다. 나는 사람들을 두려워했지만 지금까지 그 사실을 인지하지 못했었다고 그녀에게 털어놨다. 그녀는 우리가 단단히 연결된 느낌을 받았다면서 다른 사람에게서 사랑을 받아들이지 못하는 자신의 모습을 발견했기 때문에 자기 역시 세미나가 큰 도움이 되었다고 덧붙였다. 나는 우리가 무대 위에 함께 있을 때 눈물을 멈추기 위해 내가 사용했던 치유법을 그녀에게 알려줬다. 그녀가 울기 시작했다. 우리는 서로를 안아 준 다음 짧은 휴식을 위해 헤어졌다.

—네리사 오덴

올해 초반, 나는 직원 중 한 명이 규정보다 더 많은 판매 수수료를 챙겼다는 사실을 알게 됐다. 중소기업체를 꾸려 가는 내게 수백 달러에 달하는 그 금액은 커다란 손실이었는데 그녀는 그 사태에 대한 책임이 없다고 발뺌했다. 그녀가 아무리 열심히 일하는 직원이라 해도 오스틴처럼 작은 도시에서 우리 회사처럼 돈을 많이 벌 수 있는 곳은 없었다. 동정심을 느끼면서도 화가 나고 마음에 상처를 입은 나는 그 후로 일에 관계된 이야기 말고는 그 직원에게 말을 걸지 않았고, 심지어 눈길조차 주지 않았다. 어떻게 해야 할지 알 수가 없었다. 그러던 중 고민 끝에 조에게 도움을 요청했을 때, 너무나 놀라운 일이 일어났다. 그는 그 에너지를 몰아내기 위해 밟아야 할 단계들을 내게 일러 주었다. 우선 그 상황을 이끌어 낸 것은 나 자신이라는 점을 인정해야 했다. 실천하기 쉽지 않았지만 꼭 필요한 과정이었다. 그러고 나서 나 자신과 그 직원, 그리고 문제를 둘러싼 주변 에너지를 용서하고, 나아진 상황을 마음속에 그리며 휴렌 박사의 치유의 말들을 반복하기 시작했다.
"미안합니다. 나를 용서해 주세요. 당신을 사랑합니다."
결과는 놀라웠다. 나는 그 과정을 끝마치고 나서 조에게 다음과 같은 편지를 썼다.

조에게.
당신의 제안을 곧바로 실행에 옮겼습니다. 당신이 권한 내용을 읽고 나서 웜벌리에서 오스틴으로 차를 몰고 가는 동안 설명해 주신 각 단계들을 밟았죠. 저는 제가 그 상황을 초래했다는 것을 인정하고 나 자신과 직원, 그리고 그것을 둘러싼 에너지를 용서하기로 했습니다. 그리고 새로운 상황을 마음속에 그리면서 그 경이로운 하와이 치유법을 여러 번 반복했습니다. 오스틴에 도착할 때쯤 가슴을 짓누르던 돌덩이가 사라진 것처럼 기분이 홀가분해졌습니다.

조의 제안을 따른 후로 그 에너지는 내 안에서 완전히 바뀌었다. 분노와 상처도 자취를 감추었다. 정말이지 놀라웠다. 이제는 직원들과 문제없이 일하고 있다. 수잔을 비롯해서 이 방법이 진정 효과가 있는지를 묻고 싶은 사람들에게 나는 말하고 싶다. 분명히 효과가 있다고!

―빅토리아 쉐퍼

2006년 10월 어느 날, 저는 호오포노포노와 꼭 맞는 꿈을 꾸었습니다. 그 꿈속에서 감옥이 없는 세상을 보았습니다. 호오포노포노의 철학을 받아들인다면 감옥이 필요 없겠죠. 제가 휴렌 박사와 조를 비롯해 다른 사람들과 함께 공유한 호오포노포노의 간결한 메시지는 훈련 프로그램과 세미나를 통해서 전 세계 사람들에게 전파되고 있었습니다. 그 프로그램들은 사람들, 특히 아이들과 젊은이들에게 자신을 사랑하는 방법과 나아가 서로를 사랑하는 방법을 가르쳤습니다.

꿈속에서 저는 수천 명의 사람들 앞에서 강연을 했습니다. 사람들에게 본연의 모습과 자신이 신성한 본성을 기억하고 그 모습을 회복하기 위해 해야 할 것들을 일깨웠죠. 그들의 진정한 본성은 사랑임을 기억하라고, 그런데 한 청소년이 같은 갱단의 멤버인 어떤 아이의 머리에 총부리를 겨누고 쏘겠다고 협박을 했습니다. 위협을 받고 있는 아이는 제가 아는 아이였습니다. 전에 그 아이의 학교에서 세미나를 연 적이 있었죠. 그 아이는 저의 세미나에 참석했던 아이였습니다. 그 아이는 계속 어떤 기적을 언급하면서 그의 동료들도 그 기적을 체험하기를 바란다고 말했습니다. 하지만 나머지 아이들은 그 소리는 신물이 나도록 들었으니 집어치우라고 받아쳤죠.

그 아이는 이번 세미나에서 자신의 진정한 본성을 떠올리고 자신이 얻은 계시를 동료 멤버들과 함께 나누려고 했지만 다른 아이들은 그의 메시지를 위협으로 받아들였습니다. 메시지가 너무 단순해서 사기처럼 느껴졌기 때문입니다.

그 아이가 무대 위로 올라와서는 제 배에 총을 쏘았습니다. 저는 바닥에 쓰러졌고 피와 생명력이 제 몸 밖으로 흘러 나왔습니다. 저는 소년을 제 쪽으로 불러 그 아이를 껴안고는 귀에 대고 속삭였죠.

"나를 용서해 줘. 너를 사랑해."

저는 그 아이의 품에서 숨을 거두면서 제가 가진 모든 사랑을 끌어모아 그 아이를 보듬어 주었습니다. 그 순간 아이가 그 메시지를 받아들였습니다. 아이가 죽은 제 몸을 끌어안고 흐느끼면서 제게 속삭였어요.

"나를 용서해 주세요. 당신을 사랑해요."

그러자 생명력이 제 몸속으로 돌아왔고 우리 둘에게 아름다운 황금색 빛이 쏟아졌죠. 그 빛은 너무나 강렬해서 청중들은 물론이고 수 킬로미터 밖까지 우리 둘이 함께 만들어낸 사랑을 느낄 수 있을 정도였습니다. 사랑의 에너지는 이것을 접촉한 사람들이 늘어나며 점점 널리 퍼져 나갔습니다. 하지만 모든 사람들이 이 에너지를 알아챈 것은 아니었습니다. 그 갱단의 청소년, 친형제의 머리에 총구를 겨눈 그 아이는 깨달음을 얻고 사랑을 받으려고 하지 않았습니다. 이미 구원을 받은 아이가 그 소년에게 말했죠.

"나를 용서해 줘. 너를 사랑해."

그리고 그 소년을 껴안고 사랑을 주었습니다. 마치 자신의 가장 암울한 부분을 모두 포용하고 사랑하는 것처럼 말입니다.

그러자 놀라운 일이 벌어졌습니다! 두 아이가 황금빛 사랑의 에너지로 가득 찼던 겁니다. 다른 아이들도 얼마 후 그것을 깨닫고 그들의 동료가 받아들인 그 사랑을 받아들였습니다. 총부리를 겨눴던 소년은 사랑을 받아들인 뒤 다른 아이들에게 말했습니다.

"나를 용서해 줘. 사랑한다. 형제들아. 부디 나를 용서해 줘."

자, 그 다음에 어떻게 됐을까요?

두 사람을 에워쌌던 아름다운 황금빛 사랑의 에너지가 점점 커졌습니다. 그것은 방 안을 가득 매우며 갱단 멤버들을 한 명씩 어루만졌습니다. 그러자 그들 역시 사랑을 감지하고 받아들였습니다. 황금빛 사랑의 에너지는 거리로 쏟아져 수 킬로미터 밖으로 퍼져 나갔죠. 다른 사람들도 감화하여 서로에게 전파를 하기 시작했기 때문에 이 황금빛 사랑의 에너지는 더욱 성장해서 더 멀리 더 넓게 퍼져 나갔고, 온 지구가 사랑으로 가득 찼습니다.

이렇게 황금의 시대, 사랑의 시대가 열렸습니다. 우리는 이 시대를 열기 위해 우리가 누구인지를 깨닫는 능력, 우리의 본성이 사랑임을 기억하는 능력, 즉 호오포노포노라는 선물을 부여받았습니다. 우리는 모두 사랑받기를 원하니까요.

아름다운 꿈 아닌가요? 호오포노포노의 이야기는 마치 아름다운 한 편의 영화 같습니다. 영화 〈아름다운 세상을 위하여$^{Pay\ it\ Foward}$〉(아이를 통해 상처 받은 두 남녀가 사랑을 깨닫고 변화한다는 감동 드라마—옮긴이)가 눈앞에 떠오릅니다. 사랑이 세상에 일으킬 파장은 또 얼마나 대단할까요? 세상은 호오포노포노를 받아들일 준비가 되어 있습니다.

—데니스 킬론스키

나는 조 비테일의 '성취를 넘어서' 세미나에 참가하고 돌아온 후 일주일도 안 되어 수많은 기적들을 체험했다. 스펀지처럼 모든 에너지와 교훈과 메시지를 빨아들인 결과, 그 효과는 빛의 속도만큼이나 빠르게 나타났다.

우선 새로운 고객들이 몰려들었다. 별안간 새로운 계약들이 성사되었고 합작 제의가 꾸준하게 들어왔다. 이 글을 쓰고 있는 지금도 옵트인

optin(동의한 사람들에게 전자우편을 발송하는 일—옮긴이) 리스트가 3백 퍼센트가량 신장하고 있다. 초청 인사로 참석해 달라는 요청이 줄을 잇고 있지만 느닷없이 떠오르는 기발한 아이디어들을 처리하기에도 바쁘다.

불과 석 달 전만 해도 나는 이 업계에서 알려지지 않은 사람이었다. 그러나 이 모든 일이 이루어진 데는 어떤 외압도 없었고 나 역시 달리 특별한 노력을 기울이지 않았다. 모든 일들이 순조롭게만 흘러갔다. 영감이 떠오를 때 그것을 즉시 행동에 옮기고 나면 곧바로 그에 따른 결과가 나타났다.

호오포노포노의 정화 방법을 자주 사용한 결과 내 사업은 급성장했다. 어떤 미래가 나를 기다리고 있을까? 나는 오늘도 설레는 마음으로 정화하고, 정화하고 또 정화한다.

조와 휴렌 박사님께 감사를!

—에이비 스콧 그랜트

지난해 나는 새로운 임무를 맡았다. 내가 돌봐야 할 사람이 생긴 것이다. 내 어머니는 오랫동안 살아온 고향을 떠나 딸들 집 근처로 이사를 오셨다. 사람들이 살아가면서 종종 부닥치곤 하는 인생의 불운이 내

어머니에게도 찾아왔기 때문이다. 여자의 몸으로 가정을 책임지며 평생 바위처럼 강건했던 어머니는 울혈성 부전증과 소세포 폐암이라는 진단을 받았다. 어머니는 여생을 당신의 딸들과 함께 보내겠다는 결단을 내렸다. 그리고 나이 여든여덟에 무슨 항암치료냐며 치료를 받지 않겠다고 하셨다. 의료진들은 어머니가 이 세상에서 보낼 시간이 얼마 남지 않았다고 했다.

지난 5월, 나는 조 비테일의 '성취를 넘어서'라는 주말 프로그램에 참가 했을 때 휴렌 박사와 호오포노포노 치료법에 대해서 깊은 인상을 받았다. 마음을 깨끗이 정화하면서 겪은 사람들의 놀라운 이야기에 나는 호기심이 잔뜩 불어났다.

우주는 너무나 자비로워서 그가 배울 준비가 되어 있을 때 스승을 보낸다. 신비롭게도 그 타이밍은 아주 절묘하게 맞아떨어진다. 주말 세미나 내내 나를 붙잡고 놓아주지 않았던 고민은 '마지막 길을 가시는 어머니를 어떻게 도울 수 있을까?' 하는 것이었다. 나는 기꺼이, 자랑스레 우주를 향해 선언할 수 있었다. 내 인생은 물론이고 내 어머니의 인생까지 전적으로 내 책임이라고. 그래서 나는 배운 것을 써먹기로 했다. 나는 내면으로 들어가 끊임없이 정화하고 지웠다.

그것이 어머니와 내게 미친 영향력은 단순했지만 굉장했다. 어머니는 마지막 날까지 또렷한 정신으로 고통 없이 당신의 몸을 건사하다 가셨다. 물론 호스피스에게서 약을 탈 때 작은 위기들을 겪긴 했지만, 안락

한 집에서 그럭저럭 견뎌 내셨으며 병원으로 후송되는 사태는 발생하지 않았다. 모든 일들은 변화의 과정이었고, 어머니가 저세상으로 건너갈 때 일어날 수 있는 일들에 대해 우리 둘 모두에게 준비할 수 있게 해 주었다.

가장 큰 선물은 어머니에게 주어진 '보너스' 시간이었다. 어머니는 예상보다 오래 사셨다. 매일 아침 눈을 뜨면 신기해 하시며 '세상에, 하루가 또 생겼구나!' 하고 쾌활하게 내게 인사를 건네곤 했다. 우리는 애정 어린 말들을 주고받으며 친밀한 시간을 보냈다. 그리고 어머니를 떠나보낼 준비를 했다. 나는 그런 과정을 거치면서 어머니가 우리를 떠난다는 사실을 두려워하지 않게 됐다. 어머니는 당신이 어디로 갈지 알고 있었고 나 역시 마찬가지였다. 마침내 숨이 넘어가는 긴박한 순간이 닥쳤을 때 우리는 신의 은총을 보았다. 두려움은 없었다. 이런 선물이 또 있을까!

기도와 함께 호오포노포노를 실천한 덕분에 인생에 대한 나의 태도가 바뀌었다. 나는 성장을 경험했고, 그 경험은 여전히 경이롭다. 내 인생뿐 아니라 타인의 인생에서도 능동적인 역할을 할 수 있다는 사실을 깨달은 후 나는 매 순간, 끊임없이 모든 것의 근원을 찾게 되었다.

―조이스 맥키

❖ ❖ ❖

2006년 5월 '성취를 넘어서' 세미나에 참석했을 당시의 나는 수십억 달러 규모의 석유 회사와 맺은 120만 달러짜리 계약이 중도 해지된 사건으로 심적으로나 경제적으로 심한 고통에 시달리고 있었다. 석유 회사가 내부적으로 안고 있었던 수많은 문제들 탓이었다.

세미나가 끝나고 집으로 출발하면서부터, 그리고 돌아와서 며칠 동안 나는 주문을 외웠다.

"사랑합니다. 미안합니다. 나를 용서해 주세요. 감사합니다."

그리고 집으로 돌아온 지 이삼일 후 재채기와 기침이 나면서 몸 상태가 악화되기 시작했다. 나는 내 몸이 해방되고 있음을 직감했다.

얼마 후 한 마케팅 전문가와 이야기를 할 때였다. 석유 회사와의 예약 파기 사건을 바라보는 내 시각에 큰 변화가 일어났다. 그는 업무의 효율을 높이는 대가로 석유 회사가 내게 가장 많이 지불했던 비용이 얼마인지 물었다. 60만 달러라고 대답했더니 그가 말했다.

"웬디, 그 정도면 됐어요. 왕국도 세울 만한 돈이군요. 그만한 돈을 청구하는 사람이 몇이나 되겠습니까?"

그 순간 나는 나쁜 면이 아닌 좋은 면에 눈을 떴다. 그들이 지불하지 않은 120만 달러에 연연하는 대신 그들이 지불한 60만 달러의 가치를 볼 수 있었던 것이다.

긍정적인 면에 초점을 맞추자 열정이 살아나면서 아이디어들이 속속 떠올랐다. 빛이 환하게 들어왔다. 내 안에서 뭔가 위대한 것이 샘솟았고 나는 고개를 숙여 그것에 경배했다. 내 주위를 감싼 빛이 내 물리적 환경 너머로 뻗어 나갔다. 지난 2년 동안 스스로를 희생자라 여기고 회사 동료들의 행동에 주로 화를 냈던 나는 이제 그들에게 고마워하기 시작했다.

그로부터 얼마 후 왼쪽 다리에 통증이 왔다. 어떻게 된 일인지 알 수 없었다. 마사지를 비롯해서 스트레칭, 뜨거운 목욕 등 닥치는 대로 손을 쓰다가 한의사를 찾아갔다. 한의사는 그동안 극도의 스트레스에 시달린 결과로 족소양담경 bladder meridian (옆머리와 몸·다리의 측면에 분포된 12경맥의 하나. 주로 담과 간에 연계된 경맥 — 옮긴이)에 통증이 생겼다고 말했다. 기가 정체되어 통증을 유발하고 있었던 것이다. 정체된 화*를 풀기 위해 네 가지 기 치료를 받고 나자 통증은 말끔히 사라졌다. 석유 회사에 대한 분노가 줄곧 내 몸 안에 갇혀 있다가 내가 발상을 바꾸자마자 뛰쳐나올 태세를 취했던 것이다. 그랬다. 분노는 내 안에 갇혀 있었다. 그로부터 몇 달 후, 나는 내게 계약 해지를 통보하라는 지시를 받았던 그 석유 회사의 담당자가 더 이상 다른 사람에게 상처를 주고 싶지 않다며 일을 그만두었다는 소식을 들었다. 그 부서는 결국 해체됐고 내가 그들에게 제공했던 서비스는 다른 부서에서 맡아 하고 있었다.

나는 이 에너지 청소 작업 덕분에 전자책을 한 권 쓰고 새로운 웹사이트까지 개설할 수 있었다. 그리고 그 전자책을 계기로 그동안 미처 생각지 못했던 많은 기회들을 얻었다. 사람들에게 컴퓨터 작업이 유발하는 고통에서 벗어나는 방법을 가르치는 것은 내 오랜 꿈이었다. 나는 현재 유명 웹사이트 세 곳에서 인체 공학자로서 인체 공학에 대한 질문에 답변하고 조언할 기회를 얻었으며 내 전자책을 비롯한 서비스와 기타 프로그램들을 제공하고 있다. 또한 많은 회사들로부터 자사 직원들에게 통증 해소를 위한 교육 상담을 해 달라는 요청이 줄을 잇고 있다. 계약 규모는 크지 않지만 신속하게 이행되는 관계로 끊임없이 솟아나는 그 모든 새로운 영감들을 돌아볼 시간은 충분하다. 그리고 현재 한 웹사이트에서 공인 전략 조언가로서 끌어당김의 법칙을 가르치고 있기도 하다.

그 주말 이후 나는 크게 도약했다. 내 도약의 구름판은 단연 호오포노포노다. 호오포노포노는 낡은 것을 몰아내고 새로운 공간을 마련해주었다. 그것 말고는 달리 설명할 길이 없다.

—웬디 영

중재자의 입장에서 고객들을 돕다 보면 고객들이 가장 극복하기 힘들어 하는 장애물은 드라마라는 생각이 든다. 제임스 레드필드^{James Redfield}는 『천상의 예언^{The Celestine Prophecy}』에서 '통제 드라마'의 개념을 이렇게 정의한다.

"우리는 타인을 통제하려는 특정한 방식을 직시해야 한다. 명심할 것은 인간은 언제나 에너지에 목말라 있기 때문에 사람들 사이에 흐르는 에너지를 얻기 위해 서로를 통제하려 한다는 점이다."

이 개념을 중재 모델에 적용한 결과, 원래의 목적과 성과에서 멀어진 고객들을 대할 때 좀 더 영감에 기초한 방법을 쓸 수 있게 되었다.

내게 처음 호오포노포노를 소개한 사람은 조 비테일이다. 그 당시 그가 그것을 알고 소개한 것인지는 잘 모르겠다. 어찌 됐든 나는 드라마, 혹은 통제 드라마라는 개념을 믿는 중재자로서 고객을 이해하고 고객이 자신의 재능을 십분 활용하도록 돕기 위해서 균형 잡힌 도구가 필요했다.

나는 비테일 박사를 통해 휴렌 박사를 알기 전까지는 '제로에 도달하기'라는 균형 장치를 완전히 터득하지 못한 상태였다. 서구 세계, 특히 미국의 주류 문화와 메시지는 우리가 우리 자신을 벗어나 소비에 미친 세상에서 순간적이고 얕은 만족감에 젖도록 우리를 조종한다. '0에서 60으로'라는 슬로건은 소비에 중독된 세상으로 내몰리는 감정의 이동을 더 완벽하게 정의하고 있다.

그런데 호오포노포노를 접한 뒤로 치유와 진정한 성취는 '60에서 0으로' 이동하는 데서 온다는 걸 깨달았다. '초연超然'의 개념을 가진 형이상학이론은 많지만 호오포노포노처럼 완벽하고 완전한 개념은 없는 것 같다. 예전처럼 완전한 초연을 성취하려다가 허튼 짓으로 끝난 경우도 있었지만 이제는 '제로에 도달하기'를 통해서 초연의 역동성과 그곳에 도달하는 방법을 터득했다.

콜로라도 강이 내려다보이는 하얏트 호텔 꼭대기 층에서 휴렌 박사를 만나는 행운을 누린 지 열 달이 지나는 동안 나 자신과 내 가족들 안에서 많은 변화가 일어났다. 양가 부모님들과 사돈들은 그들의 패턴에서 도약하여 원대한 꿈들을 이루었고, 세상에 둘도 없는 평화로운 곳에 50십만 달러를 들여 은퇴 후에 살 집을 장만했다. 내 어머니는 심적 육체적 고난을 겪은 끝에 재혼해서 지금은 노년의 로맨스를 만끽하고 계신다. 나로 말할 것 같으면 갑자기 돈복이 터졌는지 내가 그다지 큰 능력을 개발하지도 발휘하지도 못했던 분야에서 꾸준히 돈을 벌고 있다. 아직 일흔두 살밖에 안 되신 내 아버지는 생계를 위해 6주에 한 번씩 휴스턴에서 알래스카의 푸르도 만(지구상에서 다섯 번째로 북극에 가까운 도시—옮긴이)까지 통근해야 했던 일을 마침내 그만두셨다. 내 오래된 친구 중 하나는 독불장군 식이었던 삶을 완전히 버리고 오스틴으로 이주해 현재 자신의 회사를 키우면서 완전히 다른 패러다임 안에서 살고 있다. 내 처남도 마침내 자신의 가정을 꾸렸고, 처제와 동서는 꿈에 그리던 자기 집을 장만해서 이사했다.

올해 갓 고등학교에 입학한 내 대녀(代女)는 텔레비전 인기 시리즈에 출연 중인데 홈커밍 행사의 퀸으로 뽑혔다. 그리고 그 애의 어머니는 생애 최고 연봉의 일자리를 제안받았다. 이 모든 일은 내가 처음 호오포노포노를 접한 2006년 2월을 기점으로 시작되어 결실을 맺은 것들이다. 그때 이후 17년 동안 암울하고 무겁기만 했던 나의 일상은 갑자기 다채로운 경험과 재미로 가득 찼다.

인생은 습관이다. 그리고 나는 멋진 인생의 습관을 얻었다.

나는 결코 호오포노포노 전문가가 아니다. 호오포노포노는 내게 여전히 생소하며 그것이 내 인생을 어디로 이끌지 나는 전혀 예측할 수 없다. 휴렌 박사의 강연을 통해 호오포노포노의 세상을 열어 준 비테일 박사에게 감사의 마음을 전한다. 내 아름다운 아내와 함께하는 제로 상태에 도달하기, 전적인 책임과 사과의 용서는 내 인생에 강력한 영향을 미쳤다.

—브루스 번스

조에게.

휴렌 박사님을 오스틴으로 초청해 주신 데 대해 깊은 감사를 드리고 싶습니다. 인생을 새롭게 바라보는 눈과 우주의 법칙이 어떻게 우리의 건강과 행복을 지배하는지 가르쳐 준 훌륭한 좌담회였습니다.

휴렌 박사님의 말씀은 많은 면에서 제 심금을 울렸습니다. 특히 '제로로 가는 기술'이 그랬습니다. 그것은 호오포노포노의 핵심 개념인 듯했지요. 무술을 배우고 여러 해 동안 기공氣功 치료사로 활동한 경험에 비추어 볼 때, 마음을 청소하고 비우는 능력은 인간에게 주어진 가장 큰 선물이 아닐까 싶습니다.

휴렌 박사님은 우리에게 열린 마음으로 사는 삶, 내부의 반발들을 정화하고 제로 상태로 돌아가는 삶이 무엇보다 중요하다고 일깨워 줬습니다. 저는 그런 인생관에 전적으로 동의했을 뿐 아니라 제가 믿는 소중한 진실을 공감하는 분을 이 지구상에서 만났다는 사실에 짜릿한 전율을 느꼈습니다. 기공 수련에는 몸의 내부 에너지를 순환하는 특별한 숨쉬기 방법이 있습니다. 고대 현인들은 우리의 몸 안에서 작용하는 우주의 법칙이 있으며, 내부의 에너지를 순환하는 방법을 터득할 때 활력이 넘치고 근본적으로 정신력을 끌어올릴 수 있다는 것을 발견했습니다. 이것은 종종 소우주 궤도라고 불립니다.

기본적으로 우리가 숨을 들이마실 때 숨 안에 있던 활력 에너지는 우리 몸의 전면으로 내려갔다가 다시 그보다 더 낮은 복부로 내려갑니다. 그런 다음 척추를 따라 쭉 올라갔다가 마지막에는 다시 전면 주변으로 되돌아오게 됩니다. 이 진행 과정에서 우리의 몸 에너지 체계 안에 소우주 궤도가 생성되면서 우리의 건강과 정신력이 향상되는 것이죠.

저는 휴렌 박사님이 호오포노포노를 설명하고 어떻게 해야 사람들 사이의 의사소통과 의식 작용이 가장 원활하게 순환하는지를 보여주기 위해 사용하시는 도식을 보면서 소우주 궤도와 굉장히 흡사하다는 것을 알고 깜짝 놀랐습니다. 전에는 생각지 못했던 방식으로 우주가 순환하고 있다는 사실에 정말이지 흥분을 억누를 수 없을 정도였지요.

그 도식 덕분에 우리의 소통 방식은 대부분 두 방향으로, 그리고 일직선으로 이루어진다는 것을 깨달았습니다. 우리가 이야기하고, 논쟁하고, 협상하고, 비난하는 모든 것들은 수평 방향으로 일어납니다. 하지만 완전히 다른 방향으로 이동하면 엄청난 변화가 일어난다는 걸, 타인과 가장 깊은 관계를 맺을 수 있다는 걸 알게 됐습니다. 그 방향이 순환한다면 말이죠. 박사님의 도식은 의식의 마음 층 밑으로 들어가서 제로 상태에 도달하면 우리가 인식하고 있는 것들에 대한 반발과 집착을 풀어 버릴 수 있다는 것을 보여 줬습니다. 그런 후 우리는 초의식 상태로 올라가서 결국은 신성한 의식에 도달하는 것입니다. 그러면 신성은 투명하고 사랑이 가득한 의지를 타인을 향해 내보낼 수 있습니다. 뒷문을 통해 그들의 의식 속으로 슬며시 흘러 들어가서 순수하고 여과되지 않은 접촉을 하고 관계를 맺는 것이죠.

이는 다른 것과 구별되는 전혀 다른 방식이라고 말할 수 있습니다. 예를 들어 보겠습니다. 지난 주 저는 미팅을 하다 상대편이 부당하고 이

기적인 요구를 한다고 생각하기 시작했습니다. 그러다가 마음을 단단히 조이고 있는 자신을 보았죠. 그걸 깨달은 저는 그 도식과 순환 방향이 가진 혜택을 기억하고는 싸움을 중지하고 그냥 순응하기로 했습니다.

저는 우선 호흡과 연결한 뒤 제로 상태로 갔습니다. 내부에서 의식이 상승하는 것이 느껴졌습니다. 앞서 언급했던 기공 수련처럼 말이죠. 그러자 곧바로 생각이 바뀌었습니다.

'나는 당신을 사랑하고 지지합니다. 당신을 힘들게 한 나를 용서하세요. 내가 어떻게 해야 당신이 안심할 수 있을까요? 어떻게 해야 양쪽 모두 원하는 것을 가질 수 있을까요?'

생각이 이렇게 바뀌자 놀라운 일이 일어났습니다. 제 친구가 변하기 시작한 겁니다. 내부 갈등이 그친 것처럼 마음이 훨씬 더 너그러워졌습니다. 15분도 채 안 되어 딜레마로만 생각했던 문제의 해결책을 마련한 것이죠. 그것도 양쪽 모두에게 완벽한 해결책을요. 예전의 마음가짐으로는 절대 불가능했을 일일 겁니다.

인생의 신비가 풀릴수록 모든 것이 연결되어 있다는 걸 깨닫게 됩니다. 모든 것이 우주의 법칙에서 나왔으며, 그 법칙 가운데 하나는 순환입니다. 영화〈시크릿〉에서 당신이 "우주는 속도를 좋아한다."고 한 말을 기억합니다. 저는 그 말에 이렇게 덧붙이고 싶습니다. 우주는 순환을 좋아한다고. 그리고 그 순환의 흐름을 알 때 인생은 훨씬 순조롭게 흘러간다고. 조, 다시 한 번 감사의 마음을 전하고 싶습니다. 호오포노 포노를 설명하기 위해 휴렌 박사가 그린 도식은 정말 큰 도움이 됐습니다. 저는 도식 안에서 그 과정을 발견하면서 큰 깨달음을 얻었고 억지를 부리는 대신 놓아주고 제로 상태에서 상황에 대처하는 경이로운 비법을 얻었습니다.

—닉 센세이 트루스콧

나는 현재 누가 봐도 신바람 나는 행복에 겨운 인생을 살고 있는 것은 아니다. 물론 돈이 많아서 큰맘 먹지 않고도 내 딸들과 가족들이 사는 퀸스랜드나 오빠가 있는 파리로 마음껏 오가고, 내 남편의 평생 소원인 기차 여행도 하고, 전 세계에 내 소설들을 출간하면 얼마나 좋을까 하는 생각을 하곤 한다. 하지만 이런 것들은 현재 내가 가진 것에 비하면 시시한 선물에 불과하다.

눈에 보이지 않는 변화야말로 더없이 경이롭다. '미안합니다'라고 말할 때면 그 순간 내 의식 속에 어떤 것이 있든 나는 그것에 대한 책임을 느낀다. 나는 더 이상 나와 다른 의견을 가진 사람들과 나를 분리하지 않는다. 이처럼 강한 결속력을 느꼈을 때가 있었던가?

사슴 계곡 길에서 만난 정전

늦은 오후, 갑자기 덮친 침묵

윙윙거리는 전기의 노래가 사라진 그 순간

나는 인간이 되고

짜릿함을, 살아 있음을 느낀다.

전기는 어느 방에도

어느 집에도 없다.

거리 이쪽저쪽을 둘러봐도 전기가 들어올 기미는 없기에

우리는 뜨거운 욕조에서 목욕을 하고

밖에서 와인과 치즈를 먹고

소곤소곤 이야기를 나누며

별들을 바라보았다.

캘리포니아 아로요 그랜드의

사슴 계곡 길에서 만난 정전은 진귀하고 사치스럽다.

버팔로나 바그다드의 정전과는 다르다.

—에블린 콜, 심리 치유 작가

나는 휴렌 박사와 비테일 박사에게서 호오포노포노를 배우고 나서 내일이 지속적으로 정화되고 있음을 느꼈다. 내가 정화를 하고 제로 상태로 돌아갈 때마다 일은 순조롭게 진행되었다. 나는 휴렌 박사가 가르친 대로 끊임없이 정화를 하고 제로 상태로 되돌아갔다.

세미나에 참가할 당시 나는 일로 알게 된 사람을 한 명 데리고 갔었는데 그녀와 나는 굉장히 많은 공통점을 지닌 덕분에 그날 밤 데이트를 했고, 8개월 후 우리는 사랑하는 사이가 되었다. 중요한 것은 마음이 맞는 사람과 함께하고 용서하고 변화하는 것이다. 휴렌 박사님과 비테일 박사님께 감사를 전한다. 많은 청중들에게 호오포노포노를 소개해 주시고, 게다가 일생의 사랑을 만나는 데 완벽한 장소를 제공해 주신 것까지.

—크리스 스튜어트

오스틴으로의 여행은 고단한 떠돌이 생활 끝에 얻은 달콤한 휴가 같았다. 휴스턴을 떠나는 것은 단지 생산의 소용돌이를 벗어나 잠깐 쉬어가는 24시간의 휴식 이상을 의미했다. 그날 밤 나는 조 비테일 박사가 주최한 만찬 모임이 시작되기 전부터 나란 존재를 재정립하는 교차로에 서 있던 셈이다.

그날은 이하레아카라 휴렌 박사의 호오포노포노 강연을 마지막으로 들은 지 정확히 일 년 6개월이 흐른 뒤였다. 그때까지 조 비테일 박사를 만난 적이 없었지만 휴렌 박사를 가까운 오스틴으로 초대해서 자리를 마련해 준 그가 고마웠다.

오스틴으로 가는 길, 차창을 스쳐 지나가는 풍경과 텍사스의 작은 마을들을 바라보면서 호오포노포노 강연 내용과 그동안 잊고 지냈던 것들이 머릿속에 떠올랐다. 처음 휴렌 박사의 강연을 들었을 때의 느낌과 그가 하와이 언어로 기도를 올릴 때 감전된 듯 등을 타고 흐르던 짜릿한 전율, 호오포노포노 수업을 처음 듣고 난 2주 후에 별 생각 없이 도서전에 갔다가 몇 마디 이야기를 나누고 내 명함을 주었는데 출판 계약이 체결된 일까지.

오스틴과 거리가 좁혀질수록 6개월 전 몬트리올에서 나의 사랑하는 고양이 마야가 '장관 내 림프종'이라는 가슴 아픈 진단을 받았을 때가 떠올랐다. 병세는 병원에서 집까지 살아서 도착할 수 있을지조차 의문일 정도로 심각했다. 수의사는 내가 마야에게 작별 인사를 할 시간이 고작 몇 주밖에 남지 않았다고 말했다. 나는 휴렌 박사에게 특별 정화 작업을 요청했다. 그 작은 생물이 내게 어떤 의미를 지녔든 그것을 청소해 달라고 말이다. 마야가 진단을 받은 지 벌써 일 년 3개월이 흘렀다. 나는 그때 마야를 갑작스레 떠나보내게 될 거라고 상상하지는 않았지만, 진단을 받은 후 한참이 흐른 지금까지 마야가 내 곁에 살아남아 있을 줄은 정말 몰랐다.

오스틴에서 다시 휴렌 박사를 만나는 것은 마치 물밑에서 수면으로 떠오르는 것과 같았다. '삶으로의 귀환'이라고나 할까. 25년 동안 불교에서부터 켈트 전통 신앙, 전통 심리요법, 꿈 해석, 에너지 워크^{energy} ^{work}(영기요법과 요가 · 명상 · 마사 · 색 치료 · 운동 요법 등 뉴에이지 계열의 치료법들을 통칭하는 말—옮긴이), 심지어 마법 숭배까지 안 해 본 게 없는 나에게도 호오포노포노는 인생을 송두리째 바꾸는 가장 심오한 사건이었다.

나는 그렇게 오스틴에서 다시 호오포노포노를 만났다. 하나의 철학이자 전통문화인 호오포노포노는 훈련이니 치료니 하는 끝없는 분석 활동들을 깨끗이 지워 버렸다. 나는 호오포노포노를 만나기 전 오랜 세월 동안 배움의 길을 열심히 걸어왔다. 나 자신을 이해하고 고치기 위해서, 나를 여기까지 데려온 그 삶을 살아내기 위해서, 솔직히 호오포노포노를 한 번도 접하지 못한 사람들에게 '나는 경험자'라고 자랑하고 싶은 마음도 있었다. 하지만 정화 작업을 시작하자 그런 마음의 허튼소리들은 금세 흩어졌다.

그날 저녁 비테일 박사가 휴렌 박사를 소개하기 전, 계시가 벼락처럼 나를 후려치는 바람에 나는 앉아 있던 테이블에서 벌떡 일어나 화장실로 뛰어 들어가 흐느껴 울고 말았다. 그날 시내의 마천루가 내다보이는 방 안에서 호오포노포노는 내 존재를 감싸 안았다. 더 이상 방황하고 싶지 않은 나 자신의 바람이 드러나면서 세상이 투명해졌다.

6주 후, 고양이 마야와 나는 로스앤젤레스를 향해 서쪽 방향으로 떠났다. 토팽가 캐년 주립 공원 내에 살 집을 찾아 나섰을 때 마침 새 집이 나왔다. 그 집을 빌리기로 한 사람이 갑자기 마음이 바뀌어 임대를 포기했다는 것이었다.

그로부터 다시 7개월이 흘렀다. 바로 지난주, 또다시 지각변동의 끝자락에 서서 떨고 있을 때 휴렌 박사의 글을 읽었다.

"제로는 출발점이다."

나는 정화를 끝내고 다른 존재의 끝에서 내려왔다. 그것의 정체를 알기에 더 이상 넘어지지 않는다고 이제는 말할 수 있다.

2월에 오스틴으로 떠난 여행 중에 겪은 변화와 계시, 호오포노포노에 대한 회상들을 나눌 기회를 마련해 주신 점에 대해 깊은 감사를 드리고 싶다.

나의 평화.

—엘리자베스 카예 맥콜

이 방법을 배워 쓰기 전까지만 해도 내 삶은 여러 측면에서 고난의 연속이었다. 남편은 내게 사업체를 잘 꾸려갈 능력이 부족하다고 생각했고, 실제로 내 사업체는 번창한다고 보기 어려웠기 때문에 혼자 뜬구름 잡기 식으로 거창한 꿈에 매달리고 있는 건 아닌가 하는 자책감

마저 들었다. 그때 나는 조 비테일이 주최한 주말 모임에서 비슷한 관심사와 목표를 가진 젊은 여성을 만나 함께 합작 회사를 차리기로 합의했다. 그녀와의 동업은 대성공을 거두었고 비틀거리던 내 사업은 두 달 만에 번창하기 시작했다. 현재 우리는 다음 프로젝트를 기획 중이다. 우리는 만난 지 몇 달밖에 안 되었지만 오랫동안 알고 지내 온 친구처럼 가까운 사이가 됐다. 무엇보다 중대하고 값진 변화는 내 사업이 번창하기 전부터 단 몇 주 만에 이미 남편과의 관계에 변화의 조짐이 일었다는 것이다. 남편과의 관계에서 불편함이 감지될 때마다 나는 이 방법을 사용한다. 그러면 남편은 갑자기 내 전자책을 펼쳐 들고 질문을 던지며 그의 경험들을 털어놓는다. 게다가 남편은 자기 일에 좀 더 책임감을 가지게 되었고 자기 자신에 대한 사랑과 자신감을 회복했다. 이런 변화들은 부부 관계가 다시 불붙는 데 기폭제 역할을 했다! 나는 나 자신을 굳게 믿고 사랑한다. 어떤 일이 닥치든 내게는 하루에 몇 분만 투자하면 되는 비법이 있다.

감사합니다!

—캐리 킹

나는 동물애호가이다. 그것도 열렬한, 내 애완동물만 아끼는 것이 아니라 이 세상 모든 동물들을 사랑한다.

몇 해 전 나는 한 친구를 통해서 '동물 구조 사이트'에 관심을 갖게 됐다. 이 사이트에 들어가서 '위기에 처한 동물에게 먹이 주기' 버튼을 클릭하면 보호 구역의 동물들에게 먹이를 사 줄 수 있다. 한번 클릭할 때마다 배고픈 동물에게 0.6그릇의 음식이 주어진다. 나는 지난 5년 동안 사이트를 하루도 거르지 않고 매일 방문해 왔다.

어느 토요일 오후, 그날도 나는 내가 이 세상을 위해 일익을 맡고 있다는 생각에 흡족해 하고 있었다. 그런데 우연히 사이트의 한 후원자가 올린 사진이 눈에 들어왔다.

우리에 갇힌 동물이 철창 너머로 먹이를 먹으려고 하는 사진이었다. 복슬복슬한 아름다운 털로도 가릴 수 없을 만큼 삐쩍 마른 모습이었다. 얼마나 극심한 고문에 시달렸는지 무슨 동물인지 구별할 수조차 없었다! 곰인가? 너구리? 도무지 식별할 수가 없었지만 자세히 들여다볼 엄두가 나지 않았다. 세상에는 이렇게 많은 고통들이 존재하는구나. 그 고통들이 내 능력 밖에 있다는 사실이 두려웠다. 하지만 그냥 외면한다고 기분이 나아질 리는 없었다.

나는 가슴을 짓누르는 슬픔에 귀를 기울이기 시작했다. 그 동물이 나를 부르는 소리가 들리는 것만 같았다. 그만 정신을 차리고 관심을 가져 달라고 말이다. 자세히 살펴보니 그것은 포획되어 우리 속에 십 년을 갇혀 산 곰이었다.

이 곰들은 용이한 '수유'를 위해 몸집보다 약간 큰 우리에서 산다. 곰의 복부를 절개하고 간에서 분비되어 간관^{肝管}(간장의 담즙 운반관―옮긴이)을 통해 쓸개에 저장된 담즙을 뽑아낸다. 절개된 부위에 관을 꽂아 담즙을 채취하거나 철 막대를 쓸개 속으로 찔러 넣어 담즙이 양동이 속으로 흘러내리도록 한다. 이런 식으로 하루에 두 번씩 곰 한 마리에서 채취하는 쓸개즙은 10~20밀리리터쯤 된다. 세계동물보호협회 WSPA의 보고에 따르면 곰들은 수유 중에 신음하며 철창에 머리를 찧고 제 앞발을 물어뜯는다고 한다. 사망률은 50~60퍼센트에 달한다. 몇 년 후 담즙의 생산이 멈춘 곰들은 다른 우리로 옮겨져 굶어 죽도록 방치되거나 발과 쓸개를 얻기 위해 도살당한다. 곰의 발은 진미로 알려져 있기 때문이다.

나는 이 무자비한 착취 형태에 분노가 치솟고 구역질이 나서 가슴을 치다가 그동안 닦은 수련을 총동원해서 마음을 가라앉혔다. 수치심을 주고 손가락질하는 것으로는 사람을 절대 변화시키지 못하니 말이다. 다행히도 조 박사와 휴렌 박사 덕분에 내게는 비장의 무기가 있었다.
<u>호오포노포노</u>.
나는 문장을 외기 시작했다.
"미안합니다. 나를 용서하세요. 사랑합니다. 고맙습니다."
그 주문을 외우고 또 외우자 곰 농장주의 가슴에 사랑과 이해, 동정이 가득 차는 장면이 떠올랐다. 내 주문이 그들의 마음속으로 옮겨 들어가면서 그들이 벼락처럼 깨달음을 얻는 모습이 보였다. 그들 손에 묻은 피가 다름 아닌 자기 자신의 책임임을 깨닫고 고통 속에 무릎을 꿇고 신과 곰들에게 자비를 베풀어 달라며 애원하는 그들이 보였다. 이 아름다운 생물들을 고문하고 괴롭힌 짓을 용서해 달라고 그들은 빌고 빌었다. 그리고 곰들을 전부 우리에서 꺼내 치료하고 보살핀 후 마지막에 모두 풀어 주는 장면이 보였다.

수세기 동안 곰의 쓸개가 채취되었다는 것을 아는 사람은 별로 없을 것이다. 나도 몰랐으니까. 현재는 와인과 샴푸, 의약품을 만들 때 웅담을 사용한다. 이 비극 뒤에 숨겨진 엄청난 책임은 단지 현재를 치유하는 것만으로 해결되지 않기 때문에 나는 시간을 거슬러 수세기 전으로 올라가 정화 작업을 시행했다. 수백 년 동안 쌓여 온 고통들을 치유하기 위해서. 그날 나는 다른 일은 모두 제쳐두고 네 시간 동안 온전히 나를 바쳐 오직 주문만 외웠다.

"미안합니다. 나를 용서 해주세요. 고맙습니다. 사랑합니다."

우리는 지구가 안고 있는 고통의 무게를 내팽개칠 수도, 부인할 수도 없다. 고통이 나를 덮쳤고 나는 슬피 울었다. 마치 그 곰들을 가둔 사람처럼, 그 우리의 열쇠를 가진 사람처럼 말이다. 남편과 나는 한 주에 한 번 규칙적으로 데이트를 한다. 이날 역시 남편이 내게 영화를 보러 가자고 했다. 고통에 젖어 있던 나는 데이트할 기분이 영 나지 않았다.

하지만 '고맙지만 됐어요. 정말 그럴 기분이 아니에요. 곰들이 너무나 걱정되거든요.'라고 말할 수는 없었다.

정화 작업을 혼자만의 비밀로 간직한 채 나는 남편과 함께 외출했다. 우리는 브루스 윌리스 주연의 영화 〈식스틴 블록16Blocks〉을 보러 갔다. 놀랍게도 이 영화는 내가 그날 체험한 것과 일맥상통하는 면이 있었다. '사람들은 변할 수 있다'는 게 영화의 핵심 주제였기 때문이다. 영화를 보는 내내 나는 호오포노포노를 했다. 영화의 한 장면 중 뒤편에 버스 한 대가 보였는데, 버스의 측면 배너 광고에 테디 베어의 사진과 함께 '사랑을 보내세요'라는 문구가 있었다.

과거에 했던 수련의 관점에서 본다면 이것은 '백일몽'에 불과했겠지만, 오히려 현재의 가르침들은 이렇게 말한다. '당신이 할 수 있는 것을 계속하세요. 당신은 올바른 길을 가고 있어요!' 이게 우주가 우리에게 말을 거는 방식이라고 나는 생각한다.

또 하나 떠오른 생각은 내가 분통을 터뜨려 봤자 그 곰 농장주들에게는 아무런 소용이 없다는 점이었다. 그들에게 필요한 건 나의 사랑이었고 그 곰들도 내 사랑을 필요로 했다. 세상은 우리의 사랑을 필요로 한다. 사랑은 사람들을 변화시키며 이 법칙에는 예외가 없다. 위험과 추악함, 학대가 난무하는 상황 속으로 사랑을 보내는 것, 그것만이 우리가 할 수 있는 일이다. 그래야만 순조롭고 영원히 지속되는 치유를 이룰 수 있다. 말처럼 쉬운 일은 아니지만 언제나 대답은 '사랑' 안에 있다.

최고조에 도달했던 각성이 무너지기 시작했다. 날이 저물어 감에 따라 역겨움과 걱정, 죄책감, 고통, 슬픔도 마침내 잦아들었다. 그래도 나는 그날 마지막까지, 잠드는 그 순간까지 호오포노포노를 멈추지 않았다. 얼마 후 우연히 텔레비전 앞을 지나가다 뉴스 앵커가 최근에 일어난 곰 구출 사건을 보도하는 걸 보았다. 이것은 나를 향한 메시지가 분명했다. 세상 어느 곳에서 일어나는 문제든 우리가 변화를 일으킬 수 있다는 확답 말이다. 우리가 세상 어디에 살든, 심지어 팝콘을 먹으며 영화를 보는 도중에도 말이다.

우리 삶에 호오포노포노의 메시지를 선물함으로써 우리를 깨우쳐 주신 조 비테일 박사님과 휴렌 박사님께 감사를 드린다. 그들은 세상을 치유하고 변화시킬 수 있는 힘이 우리에게 있다는 것을 알려 주었다. 우리는 기나긴 행군을 이제 막 시작했다. 그 여정이 끝나는 날까지 부디 항상 기억하시길. 아무것도 해치지 말자. 모든 것을 사랑하자. 모든 사람을 사랑하자.

호오포노포노는 시간을 여행한다…….

—수잔 번스

❖ ❖ ❖

어느 날 저녁 불가사의한 일이 일어났다. 50년 동안 내게서 떨어지지 않던 천식과 알레르기가 신기하게 딱 멈췄던 것이다. 정확하게 2006년 2월 25일 일이었다.

그날 나는 오스틴식 텍스 멕스^{Tex-Mex}(텍사스와 멕시코 방식이 절충된 문화나 요리—옮긴이) 점심을 느긋하게 즐기는 중이었는데, 별안간 내 안에서 활력이 솟는 느낌이 들었다. 정말 신기했다. 내 안의 무언가가 작동하면서 나를 움직이고 있었다. 그리고 사랑의 파도가 나를 덮쳤다.

그렇게 점심을 끝내고 저녁에 호텔 모임에 참석했다. 짜릿한 열정이 그곳의 공기를 가득 메웠다. 설명하기 어려운 흥분의 힘찬 맥박이라고나 할까. 그날의 연사인 휴렌 박사는 나와 같은 테이블에 앉아 식사를 했는데, 내가 천식으로 고생한다는 얘기를 했더니 그는 나중에 내 천식 얘기를 화제로 삼았다.

이미 하와이식 영혼 치유 모델인 후나에 대한 이야기를 들어 본 적이 있었기 때문에 생소하지는 않았지만 호오포노포노 치유법의 본질과 용서 방법론, 근본 철학은 휴렌 박사의 대략적인 설명을 듣고 나서야 이해하게 되었다. 그는 그날 참석자들의 명단을 읽고 정결함과 일체감을 얻어 우리들 개개인에 대해 정화 작업을 하고 있다고 말했다. 그 작업의 일환으로 그는 우리들 개개인에 대한 사랑을 표현하고 미생물들이 살았던 태초로까지 거슬러 올라가서 과거에 그 자신이나 그의 조상들이 의식적이든 무의식적이든 행한 잘못에 대해 우리와 우리의 후손들에게 용서를 구했다. 대단하지 않은가! 정화해야 할 것이 많았기 때문에 그와 우리들은 모두 함께 신성과의 진정한 관계 속으로 돌아갔다.

그리고 다음 날 기적이 일어났다. 나는—조 비테일의 멘토링 프로그램을 통해서 알게 된—내 멘토와 그의 아내를 만나 점심을 먹기로 했다. 나는 그 마을에 살지 않기 때문에 그 전까지 그들을 한 번도 직접 만난 적이 없었다. 그런데 식당까지 몇 구역을 걸어서 가는 동안 한 번도 천식 흡입기를 쓰지 않았다. 정말 드문 현상, 아니 그건 처음 있는 일이었다. 그들은 내가 주차해 둔 차에서부터 식당까지 얼마나 먼지 어림잡아 말해 주었다. 아마도 천식에서 해방된 모양이라고 농담처럼 말했는데 진짜 그렇게 되고 말았다.

그날 저녁 나는 휴렌 박사와 저녁을 함께 먹으며 호오포노포노에 대해 이야기를 나누었다. 천식과 관련해서 호오포노포노의 힘을 몸소 체험한 나로서는 이제라도 나와 같은 문제를 안고 있는 사람들을 도와줄 수 있을 거라고 말했다. 그는 독소를 흘려보내고 집 주변에서 번잡함을 제거하려면 식사할 때마다 물을 마시는 것이 중요하다고 했다.

그의 말대로 하고 나니 몸 상태가 점점 더 좋아졌다. 기관지염이 생긴지 6개월째였지만 나는 약이 없어도 팔팔했다. 헐떡거리지도 않았고 흡입기나 천식 약도 필요 없었다. 그때 이후로 집 안에 고양이, 개, 새와 함께 몇 시간씩 같이 있어도 기침 한번 하지 않았고 흡입기도 더 이상 쓰지 않게 되었다. 종처럼 낭랑하고 깨끗해진 폐로 깊고 큰 호흡을 할 수 있게 된 것이다. 난생처음 겪는 천식으로부터의 자유! 이 모든 걸 치유라는 말로, 휴렌 박사를 단순히 치유자라는 말로 표현할 수 있을까? 그는 우주와 내 영혼이 해낸 일이라고 말했다.

—마사 스니

❖ ❖ ❖

호오포노포노를 통해서 나 자신을 연구하기 시작한 지도 벌써 십 년이 지났다. 힐링과 무예, 에너지 워크 등 동양 문화의 시스템을 연구한 지 몇 년 만에 하와이식 문제 해결법에 눈을 뜨게 된 것이다. 깨달음을 찾아 헤매며 산전수전을 겪은 나는 '푸딩은 먹어 봐야 안다The proof of pudding is in the eating(백문의 말보다는 경험이 중요하다는 뜻의 서양 속담—옮긴이)'고 믿는 아일랜드인이다. 매사추세츠 주 보스턴 서부—총소리와 경찰차 사이렌 소리가 툭하면 들리는 험하기가 그지없는 아일랜드 노동 계급 마을—에서 자란 나는 우주의 형이상학적 관점을 접할 기회가 그리 많지 않았다. 그러던 차에 인생의 하와이식 관점에 대한 공개 강의가 열린다는 소식을 듣고 얼마나 기뻤는지 모른다.

호오포노포노는 정말 달랐다. 체스판에서 말을 움직이듯이 에너지를 활용하고 이동시키는 시스템은 많지만, 호오포노포노처럼 색다른 방식은 처음이었다. 그것은 문제를 일으키는 부정적인 요소들을 내 안에서 삭제하는 방법을 깨우쳐 주었다. 말하자면 체스판에서 말을 아예 치워 버리는 것이다. 얼마나 황홀했는지 말로 표현할 수 없을 정도였다. 당시에는 생전 처음 듣는 소리였기 때문에 대부분은 흘려 버렸지만 강의가 마지막에 다다를 무렵 이런 생각이 들었다. 이 강의가 내게 선물로 준 두 개의 방법들을 한번 시험해 보자고. 나는 그날 당장 시험을 시작했다. 내 시험은 마사지 치료를 하는 동안에도 멈추지 않았다. 푸딩은 먹어 봐야 아니까 말이다.

나는 과거에 중국의 전통 마사지인 추나推拿(비틀어진 뼈와 근육·관절을 바로잡아 통증을 완화하는 방법—옮긴이)를 시술했었지만 시간이 흐르면서 치료에 대한 내 시각도 달라지기 시작했다. 호오포노포노의 방법들을 사용하면서부터 '어떻게'와 '왜'에 대한 내 시각이 변하게 되었고 그 결과 고객이 진술한 쟁점과는 별 상관이 없는 부분을 치료하려고 노력하게 됐다. 내 시각은 더 이상 예전에 받은 수련들과는 맞지 않았다. 내가 변하자 고객들도 다양해진 이슈들에 대해 즉각적인 반응을 나타냈다. 내가 고정 관념과 씨름하기 시작했음은 두말할 필요도 없다. 하지만 나는 이 하와이식 방법에 점점 빠져들면서 더 큰 그림에 눈을 뜨게 되었다. 이듬해 봄, 나는 정식 코스를 밟은 뒤 그 방법들을 적용하여 치유 활동을 벌이기 시작했다.

그러던 어느 날 예전 고객(편의상 J라고 부르겠다)으로부터 전화가 걸려왔다. 정신과 의사인 J는 내게 그녀의 환자 한 명을 만나 달라고 부탁했다. 심한 조울증을 앓다가 여러 번 자살을 기도하는 바람에 안전상의 문제로 몇 번이나 격리 수용된 환자였다.

"내가 과연 도움이 될 수 있을까요?"라고 묻자 J는 웃음을 터트리며 이렇게 대답했다.

"당신이라면 그 여자를 도울 수 있을 겁니다. 도와주셔야만 해요. 당신이 돕지 못한다면 그 사람은 희망이 없어요."

전화를 끊기 전에 J는 그 환자가 마사지 치유사에게 폭행을 당한 적이 있다고 덧붙였다. 나는 나 자신에게 물었다.

"어떻게 이 여자를 도울 수 있을까?"

그날 저녁 집에 돌아온 나는 잠시 앉아서 내가 무얼 할 수 있을지 곰곰이 생각했다. 어떻게 변화를 만들어 낼 수 있을까? 그러자 한 단어가 고장 난 레코드판처럼 자꾸만 머릿속을 빙빙 돌았다. 호오포노포노! 호오포노포노!

나는 한 번도 시도한 적이 없는 그 방법을 사용하기 시작했다. 환자에게는 그것을 철저히 비밀에 부친 채 매번 치료할 때는 물론이고 치료 전후에도 마라톤에 버금가는 노력을 퍼부었다.

그리고 그 후, 우리가 만나던 치료실에는 유머가 넘쳐흘렀고 치유 과정이 진행됨에 따라 진한 평화의 분위기가 감돌았다. 거두절미하고, 그 환자는 급진전을 보였다. 그녀는 현재 자신의 인생을 조절할 만큼 생산적인 여성으로 거듭났다. 우리가 전적으로 책임을 진다면 상황은 급변할 수 있다는 것을 입증하는 산증인인 셈이다.

나의 마사지 치료 역시 큰 변화를 겪고 커다란 진전을 이루었다. 나는 이제 여간해서는 사람들을 만지지 않는다. 대신 그들의 삶 속을 달린다. 간혹 여기저기 부딪히기도 하지만 정화 작업이 내게 가져오는 결과들에 새삼 놀라고는 한다. 내가 누구인지 깨닫게 해 준 그 모든 상황들이 진심으로 고마울 따름이다.

'우주의 자유 Freedom of the Cosmos'라는 단체에서 오랫동안 자원 봉사를 한 뒤 내 시각은 이렇게 변했다. 가족 문제든, 스트레스든, 의견이든, 전쟁이든, 문제는 어떤 식으로든 항상 나타나게 되어 있다. 그리고 처음에는 그것들을 수용하기가 힘들다. 이제는—죄의식에 젖어—'왜 하필 나요?'라고 말하는 대신—죄의식에서 자유로워져—'내 책임이야'라고 말해야 한다. 그 다음은 호오포노포노를 통해 신성에게 주도권을 넘길 차례다. 이건 정말, 정말 힘든 일이다. 하지만 나는 믿는다. 그 힘든 길이 평탄한 길로 바뀌어 가고 있지만 우리는 그 전체 모습을 알아볼 수 없다고. 동일한 시간대에 너무나 많은 현실들이 공존하기 때문이다. 어떻게, 왜, 언제를 따지느라 시간을 허비하지 말자. 그냥 '행동' 해야 한다. 그렇게 하면 우리는 우리 자신의 길에서 벗어날 수 있다.

어떤 식으로든 우리가 비난하고 반발하고 신음하고 번민하는 우리 자신 밖으로 걸어 나가는 그 즉시, 눈앞의 문제는 시야에서 사라진다. 말하자면 우리 안에 존재하는 문제들을 흘려보내는 기회를 잡는 것이다. 자기만이 옳다는 태도를 버려야 한다. 그렇다고 너무 풀이 죽을 필요도 없다. 단지 가장 귀중한 선물, 자아를 비판하지 않고 계속 전진하자는 것이다.

청소를 하다가 발을 헛디딘다면 일어나 툭툭 털고 다시 시작할 것이다. 푸딩을 다시 맛볼 기회이니 말이다.

―브라이언 옴 클린스

결과를 빨리 얻으려면

신성이 듣길 원해서 '나를 용서해 달라'고 말하는 게 아닙니다.
당신이 들을 필요가 있기 때문입니다.
— 이하레아카라 휴렌

앞 장에 제시된 그 모든 증거들에도 불구하고 나는 의심을 떨쳐 버릴 수 없었다. 정화 작업을 한다고 해서 결과가 언제나 즉시 나타나는 것은 아니라고 내가 말하자 휴렌 박사는 이렇게 대답했다.

"당신과 다른 사람들이 한 정화 작업의 순서들을 실제로 보면 경외감에 싸일 것입니다. 그리고 더 열심히 정화를 하게 될 것입니다. 당신의 영혼 안에 사상의 잘못들이 놓여 있습니다. 그건 나도 마찬 가지이지요."

그리고 셰익스피어를 인용했다.

"셰익스피어의 통찰력은 정말 대단해요. '가련한 영혼이여,

내 죄로 가득한 땅의 중심이여…… 육체는 너를 배반하는구나…….'"

셰익스피어는 이성(지성)이 광기와 혼란, 불투명함을 유발한다고 지적했다.

지나간 이성을 갈망하지만, 일단 갖고 나면
지나간 이성을 미워한다네, 삼켜 버린 미끼처럼
삼켜 버린 자를 미치게 하려고 일부러 놓은 미끼처럼
― 소네트 129편

셰익스피어는 기억이 지닌 문제 역시 다음과 같이 언급했다.

감미롭고 고요한 생각의 나래를 펼 때면
지난 옛일이 떠올라
이루지 못한 것들의 슬픈 기억에 한숨짓고
인생의 황금기를 허비한 기억에 슬퍼하노라
(중략)
나는 흘러간 슬픔을 또다시 비통해 하고
나의 불행을 구슬피 반복한다네
밀린 셈을 새로이 치르는 듯

예전의 슬픈 사연을 곱씹는구나

─ 소네트 129편

모르나는 신성이 우리에게 인생이라는 선물을 준 목적에 대하여 말했다.

정화하고, 치우고, 지우고, 자신의 샹그릴라$^{shngri-la}$(티베트 말로 마음속의 해와 달을 뜻하는 불노불사의 이상향 ─ 옮긴이)를 찾으세요. 어디에 있느냐고요? 바로 당신 자신 안에 있지요.

셰익스피어와 모르나는 존재의 미스터리를 들여다보는 통찰력의 전도사들이다.

나는 한 인간으로서 최대한 마음을 열었다. 적어도 조 비테일, 아오 아쿠아가 할 수 있는 만큼은 노력했다. 나는 여전히 휴렌 박사가 내게 하려는 말의 핵심을 이해하지 못하고 있었지만 견뎌내고 있었다. 예전에 내가 쓴 책 속의 말이 떠올랐다.

"혼돈은 명료함 이전에 나타나는 경이로운 상태이다."

나는 바로 그 '경이로운 상태'에 있었다.

휴렌 박사를 찾아오는 많은 심리치료사들은 자신의 환자를 도울 수 없을 것 같은 기분이 들 때 무척 힘들다며 괴로운 심경을 토로한다. 하지만 나는 인터넷을 통해 기적의 코칭 프로그램을 시작했을 때, 다른 사람들을 치유하는 길은 자기 자신을 치유하는 것과 같다는 점을 내 코치들이 이해해 주기를 바랐다. 사실 다른 사람들은 이미 완벽하다. 휴렌 박사는 이 점에 관해 이메일을 통해 다음과 같이 설명해 주었다.

지난주 캘리포니아 칼라바사스에서 호오포노포노 과정을 밟던 한 학생이 오후에 내 강연을 듣던 중에 갑자기 큰 소리로 외쳤습니다.
"세상에, 고객들을 치유할 때 왜 배가 아팠는지 이제야 알겠어요! 나는 일부러 그들의 고통을 떠안았던 겁니다. 그럴 필요가 없었는데, 이제는 고통들을 깨끗이 정화할 수 있겠어요."
그 학생은 다른 치유자들이 모르는 통찰을 한 것입니다. 보통 치유자들은 환자들이 완벽하다는 것을 알지 못합니다. 환자에게는 문제가 없습니다. 치유자 또한 문제가 없어요. 셰익스피어가 말한 대로 '예전의 슬픈 사연을 곱씹는(셰익스피어 소네트 30편 4절 -옮긴이)'게 문제죠. 문제는 이와 같이 무의식 속에서 재생되는 잘못된 기억들입니다.
치유자는 '우니히피리^{Unihipili}'라는 무의식을 환자와 공유합니다. 호오포노포노는 참회와 용서, 변형을 통해 문제를 해결하는 과정이며 누구나 자기 자신에게 적용할 수 있습니다. 신성에게 우니히피리 안의 그릇된 기억들을 제로 상태로 바꿔 달라고 청하는 것이죠. 그러니까 당신 자신을 바라보세요. 고민이 당신 몸무게이든 당신 아들이든 당신의 우니히피리 안에 있는 그릇된 기억들이 문제를 반복해 일으키고 있어요. 하지만 의식적인 마음, 즉 지성은 짐작조차 못하죠. 뭐가 어떻게 되고 있는 건지 전혀 알지 못합니다. 호오포노포노는 그걸 아는 내부의 신성에게 우니히피리 안에서 되풀이되는 기억들을 비워 달라고 청원하는 것입니다.

명심하세요. 기대나 의지로는 신성을 조금도 움직이지 못한다는 걸요. 신성이 언제 무엇을 하느냐는 신성의 방법과 시간에 달려 있습니다.

사실 완전히 이해한 것은 아니었지만 '사랑합니다'라는 말이 가진 힘은 인정했다. 그 말은 적어도 순수하다.

휴렌 박사는 전에 이런 설명을 한 적이 있었다.

"신성한 재물을 불러들이기 위해서는 먼저 기억들을 없애야 합니다. 기억(장애물, 한계)이 무의식 속에 존재하는 한 그것은 신성이 주는 일용할 양식을 중간에서 가로막습니다."

나는 비로소 '사랑'의 정화 작업과 해소, 삭제의 방법을 전 세계와 나눠야겠다는 생각을 하기 시작했다. 그래서 내 사업 파트너들 중 한 명인 팻 오브라이언에게 호오포노포노를 오디오 프로그램으로 제작하자고 제의했고, 그는 내 제안을 흔쾌히 받아들였다. 그가 음악을 만드는 동안 나는 네 문장을 녹음하고 웹사이트에 올릴 문구도 준비했다.

그 웹사이트와 오디오 프로그램은 팻과 나에게 최고의 매출을 가져다 주었다. 하지만 단순히 높은 판매고를 올렸다는 사실보다 사람들이 정화 과정의 힘에 눈을 뜨도록 도왔다는 데 더 자부심을 느꼈다. 수천 명의 사람들이 모두 '사랑합니다'를 외친다고 상상해 보라!

신비의 심리치료사를 내게 처음 알려 주었던 친구 마크 라이언은 원래 정신병을 앓는 범죄자들을 치료하는 일을 하던 친구였는데, 지금은 휴렌 박사의 지혜를 담은 상품을 제작하는 일에 합류했다. 마크와 나는 사람들이 호오포노포노를 좀 더 배우고 실천하도록 돕자는 취지에서 잠재 학습 DVD도 개발했다.

정화 작업을 하면 할수록 아이디어가 속속 떠올랐다. 나는 이것을 '영감의 마케팅'이라고 이름 붙였다. 과거에는 기존의 아이디어나 상품들을 결합하여 새로운 상품을 만들어 내려고 시도했다면, 이제는 단순히 아이디어가 솟아나도록 유도함으로써 더욱 강력하지만 스트레스는 줄어드는 방법을 터득한 것이다. 나는 떠오른 아이디어를 그냥 실행에 옮기면 된다. 그것이 실제로 팻과 내가 '사랑합니다' 오디오 프로그램을 제작하고 마크와 내가 잠재 학습 DVD를 만들게 된 경위이다. 우리는 그저 마음속에 떠오른 아이디어를 실행에 옮겼을 뿐이다.

여기서 잠시 멈춰서 곰곰이 생각해 본다면 경외감이 들 수도 있다. 계속 정화하라는 말은 아무리 강조해도 지나치지 않을 정도로 그 무엇보다 중요한 말이다. 정화를 하면 아이디어는 나타나게 되어 있다. 그리고 그중 어떤 것은 당신을 부자로 만들어 줄 수도 있다.

휴렌 박사는 창조의 정화 작업을 끊임없이 할 수 있는 몇 가지 방법을 알려주었다. 그중 하나로 어느 날 그에게 영감처럼 떠오른 로고가 있었다.

그는 이 로고를 그의 명함에 넣고 스티커와 배지로도 제작했다. '치포트ceeport'라는 단어는 '정화하고, 지우고 또 지워 제로 상태로 돌아간다'는 뜻이라고 그는 말했다. 지금 나는 정화 작업만이 빠른 성과를 얻는 유일한 길이라고 확신하기 때문에 이 배지를 두 개나 달고 다닌다. 그리고 치포트 스티커를 자동차에서부터 컴퓨터, 지갑, 운동 도구 등 눈에 띄는 데는 모두 붙여 놓았다.

남들이 웃지만 않는다면 내 이마에라도 기꺼이 붙였을 것이다.

휴렌 박사가 이 책의 출간을 의논하기 위해 찾아왔을 때, 나는 그에게 내 명함을 보여 주었다. 최신형 수제 스포츠카 파노즈 에스페란테 앞에서 찍은 사진으로 만든 명함이었다. 사진 속의 내 모습이 자신감 넘치고 어쩐지 재물의 기운을 발산하는 것 같다는 생각은 했었지만, 그 이상의 힘을 지녔으리라고는 전혀 짐작도 하지 못했는데 휴렌 박사가 뜻밖의 말을 했다.

"이걸로 정화 작업을 할 수 있겠어요."

그는 잠시 명함을 들여다보다가 말했다.

"이 명함으로 사물이나 사람들, 혹은 당신 자신에게서 기억들과 부정적인 것들을 몰아낼 수 있겠어요."

그의 말이 정말인지는 잘 모르겠지만, 어쨌든 그 말을 들은 이후로 나는 내 명함이 더욱 마음에 들어 더욱 흔쾌히 사람들에게 명함을 나누어 주었다. 그리고 명함으로 부채를 부치며 내 주위의 부정적인 것들을 청소했다. 휴렌 박사는 그런 나를 보며 미소를 짓거나 웃음을 터뜨리곤 했다.

내 명함에 있는 소용돌이는 원래 파노즈 자동차의 회사 로고에서 따온 것이다. 휴렌 박사는 밝은 빨강색과 흰색, 파란색의 소용돌이가 그려진 파노즈 회사 로고를 가만히 응시하더니, 그것이 정화 작업을 강력하게 상징한다고 말했다. 소용돌이 안에 있는 'panoz'란 문구와 세 잎 클로버 역시 정화 작업의 도구라고 말이다. 나는 내 차를 좋아해서 자주 몰고 다니는 편인데, 운전석에 앉을 때마다 차가 나를 정화한다는 생각에 절로 미소가 지어진다.

이쯤 되면 '휴렌 박사가 제정신이 아니군' 하고 생각하는 사람이 분명히 있을 것이다. 하지만 당신이 그를 미쳤다고 생각하든 아니든, 나와 여러 사람들이 내 명함이나 휴렌 박사의 치포트 디자인 같은 그 '미친' 정화 도구들을 가지고 빛나는 성과를 얻은 것은 분명한 사실이다. 여기서 그 성과들을 아무리 나열한다 해도 받아들이는 사람의 마음이 회의적인 생각들로 가득하다면 아무 소용이 없을 것이다. 매출 증대를 위해 치포트 디자인을 사무실 여기저기 붙이는 사람들의 행동이 바보짓처럼 보이거나, 기껏해야 미신으로 이해할 것이다. 어쩌면 플래시보 효과라 여길지도 모른다. 그러나 나는 만약 그렇다고 해도 계속하라고 말하고 싶다.

예를 들어 보겠다. 다음 장에 등장할 영업 사원 마빈은 고급 자동차의 판매 기록을 모조리 갈아 치운 전설의 자동차 판매왕이다. 그는 치포트 스티커를 '모든 곳'에 붙여 놓았다고 내게 말했다.

"책상 밑, 천장, 컴퓨터, 커피포트, 쇼룸, 대기실, 심지어 자동차 밑에도 치포트 스티커를 붙여 놨죠. 나는 수백 장의 스티커를 모든 곳에 붙였습니다."

어쩌면 정화 도구에 대한 그의 믿음이 효과를 발휘한 것인지도 모른다. 아니면 그 도구 자체가 효과를 발휘하는 것일지도. 그 누가 정답을 알겠는가?

한번은 어떤 의사가 내게 이렇게 말했다.

"모든 약에는 플래시보가 있습니다."

만약 내 명함에 플래시보 효과가 있다면 다른 것들보다 훨씬 더 강력한 플래시보 효과인 셈이다.

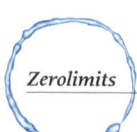

큰 부자가 되려면

나는 '나'입니다.
Owar no ka 'I'.

휴렌 박사의 두 번째 세미나는 처음과는 달랐다. 프로그램들과 기억들을 지우고 정화하라는 메시지는 같았지만 접근 방식이 좀 더 느긋하고 즉흥적인 측면이 강해졌다. 그는 야구공 하나를 손에 들고 이야기를 시작하면서 야구 경기의 목적이 뭐냐고 물었다.

"홈런을 치기 위해서죠."

누군가 대답했다.

"이기기 위해서 아닐까요."

"공에서 눈을 떼지 않으려는 거죠."

내가 말했다.

"그렇습니다!"

휴렌 박사가 특유의 굵은 하와이식 액센트로 대답했다.

"이기거나 홈런을 치려면 항상 야구공에서 눈을 떼지 말아야 합니다. 그렇다면 여러분 인생에서 야구공은 무엇일까요?"

모두들 입을 다물었다.

"숨쉬기요."

누군가 말했다.

"이 순간이죠."

또 다른 누군가가 말했다.

우리들이 좀처럼 감을 잡지 못하자 휴렌 박사가 해답을 제시했다.

"야구공은 신성입니다. 여러분은 제로로 돌아가는 데에 초점을 계속 맞춰야 해요. 기억이 없는 곳으로요. 프로그램이 없는 제로 상태로."

정화. 정화. 정화.

여기서 우리가 할 일은 둘 중 하나이다. 정화하느냐, 정화하지 않느냐. 우리는 좋아하는 것을 선택할 수 있지만 그것을 이루고 못 이루고는 결정할 수 없다. 우리는 신성이 우리를 위해 올바른 결정을 내릴 것을 믿어야 한다. 신성보다 더 똑똑한 사람이 있을까? 글쎄.

내려놓자.

정화. 정화. 정화.

"나의 의도는 신성의 의도와 맞추어져 있습니다."

나는 휴렌 박사에게 말했다.

"좋아요, 죠셉."

의지에는 한계가 있다. 우리는 주차장 첫 줄에 차를 대려고 한다. 그게 우리의 의도다. 하지만 신성은 한참 떨어진 구석에 주차할 자리를 마련해 준다. 왜 그럴까? 운동이 부족하기 때문이다. 내려놓자.

정화. 정화. 정화.

나는 휴렌 박사와 이틀을 함께 더 보냈다. 방에 모인 인원은 열세명이었다. 초점은 어떻게 문제가 발생하느냐에 맞춰졌다.

"문제는 늘 발생합니다."

그가 단언했다. 나는 그 말에는 거부감이 들었지만 그냥 적어 내려갔다.

정화. 정화. 정화.

"문제는 기억들이 재생되면서 생깁니다. 기억은 프로그램입니다. 그것은 여러분 것이 아니에요. 우리가 공유한 것이죠. 그 기억을 풀어내는 방법은 신성에게 사랑을 보내는 것입니다. 신성은 듣고 반응하지만 모두에게 최선의 방법을, 모두에게 가장 적합한 때를 고르죠. 선택은 우리가 하지만 결정은 우리가 하지 못합니다. 신성이 결정합니다."

이해가 안 갔다.

정화. 정화. 정화.

필리핀 출신의 행복한 미소의 사나이 마빈이 일어나 "그냥 가만히 있었는데도 일 년에 고급 승용차를 1억5천만 달러어치나 팔았습니다." 하고 말했다. 자신이 한 일이라고는 정화가 전부였다고.

"내가 한 일이라고는 하루 종일 '사랑해요'를 외친 것뿐이었습니다."

그가 강한 액센트의 영어로 말을 이었다.

"나는 사람들의 말을 들으면서 정화를 합니다. 정화하고, 정화하고 또 정화하는 거죠. 항상 정화합니다."

"의도가 전혀 없다고요?"

내가 의심의 눈초리로 물었다. 최소한 차를 팔려고 했을 거라 생각했기 때문이었다. 그것이 그의 직업이지 않은가.

"전혀요. 예외는 없습니다. 나는 그냥 일하러 나가서 정화를 할 뿐입니다."

정화. 정화. 정화.

이틀 동안 많은 사람들로부터 정화에 대한 이야기를 들은 바였다. 하지만 그 모든 걸 전부 받아들이기는 힘들었다. 정화와 '사랑합니다'라는 말 한마디에 세상이 달라진다고? 차를 더 많이 판다고? 더 많은 돈을 번다고?

"모든 것은 여러분의 책임입니다."

휴렌 박사가 말했다.

"여러분 안에 모두 있죠. 모두 다요. 예외는 없습니다. 여러분은 그것을 정화해야 합니다. 그렇지 않으면 그것은 정화되지 않습니다."

테러를 정화하라고?

정화. 정화. 정화.

경제를 정화하라고?

정화. 정화. 정화.

뭐든 정화하라고?

정화. 정화. 정화.

"그것이 당신의 경험이라면 그걸 정화하는 것도 당신의 몫입니다."

휴렌 박사는 말했다.

쉬는 시간에 아내와 애완동물들이 궁금해서 집에 전화를 걸었더니 아내가 하루 종일 나를 위한 깜짝 선물을 준비 중이라고 했다. 의외의 말이었다. 아내는 할 일을 목록으로 적었다고 했지만, 거기에 나를 위한 일은 있을 것 같지 않았다.

"뭔데요?"

내가 물었다.

"깜짝 놀랄걸요."

"말해 봐요."

"백만 년이 지나도 모를걸요."

아내가 말했다.

"나 머리 쓰게 하지 말아요. 백만 년은 살지도 못하는데."

아내의 대답을 말하기에 앞서 미리 알려 둘 게 있다. 그때 아내는 산더미같이 쌓인 일거리 때문에 심한 스트레스에 시달리고 있었다. 저러다 쓰러지겠다 싶을 정도로. 나와 또 다른 고객을 위해 각각 비디오를 제작 중인 데다 개발한 소프트웨어를 홍보해야 했고, 내가 집에 없을 때 살림을 하고 동물들을 돌봐야 했다. 여러 가지 프로젝트들을 처리하기 바빠 자기 시간을 갖기에도 벅찬 사람이 깜짝 선물을 준비했다니……. 그러니 아내가 이런 말을 했을 때 내가 얼마나 놀랐겠는가.

"당신 옷장을 정리했어요."

정화. 정화. 정화.

놀라서 입이 다물어지지 않았다. 내 옷장을 정리하는 것은 아내의 몫이 아니었다. 나조차도 하지 않는 일인데…….

"당신 옷들을 모두 꺼내고 선반들을 분리한 다음 새 선반들로 교체하고 당신 옷들을 다시 걸었죠. 쌓여 있던 옷 뭉치들은 모두 옷걸이에 걸고 바닥에 있던 옷들도 모두 정리했어요."

이것은 아내가 내 앞으로 오백만 달러짜리 수표를 끊었다는 말만큼이나 놀라운 얘기였다.

혹시 내가 잘못 들었나?

"갑자기 무슨 일 있소?"

"벌써부터 하고 싶었던 일이에요."

그걸 하고 싶었다고? 그럴 수도 있겠지. 하지만 아내는 언제나 시간에 쫓기고 있었다.

휴렌 박사는 기억을 정화하면 영감이 들어온다고 했다. 아내는 내 옷장을 청소하라는 영감을 받은 게 분명했다. 안을 청소하면 밖에서 결실을 얻는다는 것에 대한 은유이자 증명이 아니겠는가.

그날 휴렌 박사와 나는 스승과 제자처럼 그의 모텔 방에 앉아 있었다. 그가 오히려 나를 스승처럼 대했다.

"죠셉, 당신은 신의 최초 열 가지 중의 하나예요."

"내가요?"

나는 기분은 좋았지만 솔직히 무슨 말인지 알 수 없었다.

"당신은 사람들 안에서 신성을 깨우는 일을 돕기 위해 이곳에 있답니다. 당신의 글에는 최면의 힘이 있어요. 그게 당신의 재능이죠. 하지만 그것 말고 또 있습니다."

"또 있어요?"

정화. 정화. 정화.

"당신은 비즈니스계의 제이맨$^{J\ man}$이에요. 그게 뭔지 알겠어요?"

나는 전혀 짐작할 수가 없었다.

"당신은 비즈니스계의 예수예요. 혁신의 선두주자."

그가 이 말을 하는 동안 나는 이 대화를 혼자만 간직해야겠다고 생각했다. 아무도 믿지 않을 테니 말이다. 나 자신조차도 못 믿겠는데 누가 믿겠나.

정화. 정화. 정화.

모르나에게서 현대 호오포노포노를 전수받은 그는 그녀와 함께 보낸 세월을 회상하며 말했다.

"모르나를 만나고 처음 5년 동안은 그녀가 미치광이라고 생각했습니다. 그런데 어느 날 그런 생각이 말끔히 사라지더군요."

두서가 없고 시적이며 비현실적인 것이 휴렌 박사의 스타일이었다. 대부분의 사람들이 좌뇌나 우뇌 중 한쪽에 의지하는 반면 그는 양쪽을 동시에 쓰는 듯했다. 그는 나에 대해 비즈니스계의 구세주라고 말하다가 모르나의 이야기로 넘어갔다. 그 자체가 최면의 효과를 냈고 나는 매혹됐다. 더 듣고 싶었다.

"당신 머리 주위에 소용돌이가 있군요, 죠셉."

그는 뭔가를 느끼고 말했지만 나는 아무것도 보이지 않았고 아무것도 느끼지 못했다.

"그건 화폐의 문양이에요. 이글(미국의 옛 10달러짜리 금화—옮긴이)처럼 말이에요."

어쩐지 그에게 끼고 있던 금반지를 보여 주고 싶은 기분이 들었다. 그건 2천5백 년 된 고대 로마 시대의 순금 반지였다. 박사는 손을 내밀었고, 나는 그의 손바닥 위에 내 반지를 얹었다.

"반지에 쓰인 글귀는 라틴어입니다. 피뎀^{Fidem}은 신념^{faith}를 뜻해요."

내가 설명하는 동안 휴렌 박사는 조용히 반지를 들고 있었다. 어떤 이미지를 떠올리거나 영감을 받고 있는 듯했다. 나는 그가 반지에 집중하는 동안 잠자코 있었다.

"당신은 전생에 위대한 웅변가였습니다."

그가 입을 열었다.

"하지만 궁지에 몰려 살해당했어요. 이 반지는 그 기억을 치유하고 있습니다."

흥미로웠다. 나는 가끔씩 전설적인 웅변가가 된 내 모습을 상상하곤 하지만, 실제로는 대중 앞에서 연설하는 걸 두려워하는 성격이다. 그의 말대로라면 지금 나의 그런 성격은 과거에 연설을 끝낸 후 살해되었기 때문이라고 볼 수도 있을 것이다. 나는 그 기억을 자아가 만들어 낸 기억이라고 생각했을 뿐 전생이라고는 생각하지 않았었다. 한데 휴렌 박사가 내 반지를 만져 그 기억을 집어낸 것이다.

"나는 이걸 잘 끼지 않아요."

"끼세요. 항상."

그가 반지를 응시하며 말했다.

"이 반지는 '너 자신을 알라'는 말의 가치를 알았던 치유자가 꼈던 겁니다."

나는 매료됐다. 휴렌 박사에게서 존재의 소용돌이 속에 존재하는 잔잔한 바다의 기운이 흘렀다. 세상이 휘몰아치는 와중에도 그는 침착한 듯 보였다. 무엇이 닥치든, 어떤 말이 들리든, 그는 아무런 동요 없이 자신의 본심을 말했다. 그는 나를 바라보다가 내 발을 쳐다봤다.

"죠셉, 맙소사! 당신에게 엎드려 절을 해야겠어요."

그가 내게서 무얼 보았는지 모르겠지만 순전히 그것 때문에 마음이 움직인 것 같았다.

"당신은 신과 같아요."

정화. 정화. 정화.

"우리는 정화를 위해 이 자리에 모였습니다."

그는 주말 수련 세미나에 참석한 나와 모두를 향해 다시 한 번 상기시켜 주었다.

"정화하세요. 항상, 끊임없이, 모든 기억들을 정화하세요. 그래서 우리가 여기서 해야 할 일을 위해 신성이 영감을 줄 수 있도록 합시다."

정화. 정화. 정화.

나는 수련 도중에 그동안 내 책들 중 한 권만 정화하고 다른 책들은 정화를 하지 않았다는 것을 깨달았다. 『돈을 유혹하라』는 베스트셀러 1위에 올랐지만 『고객은 매 순간 태어난다There's a Customer Born Every Minute』는 판매가 시원치 않았다. 나는 감전된 듯 등줄기에 짜릿한 전율을 느끼며 이 사실을 깨달았다. 그게 바로 다른 책들과 달리 이 책이 잘 되지 못한 이유였다.

나는 첫 번째 훈련에 참가했을 때 정화 작업의 보조 수단으로 연필 끝의 지우개를 쓰는 방법을 배웠다. 그냥 지우개를 갖다 대는 것이다. 그게 다였다. 지우개가 실제로 기억들을 지우는 것은 아니지만 상징적인 의미를 지녔다. 그 당시 나는 막 출간한 내 책 『인생의 놓쳐버린 교훈』 위에 연필을 한 자루 올려놓았다. 그리고 몇 달 동안 그 책을 지나칠 때마다 잠시 멈춰 서서 그 연필을 집어 들고는 끝의 지우개로 책을 톡톡 두드렸다. 미쳤다고 손가락질해도 좋다. 어쨌거나 그 행동은 심리적 기폭제로서 그 책을 둘러싼 기억들을 정화하는 데 도움이 됐다. 그 책은 서서히 베스트셀러 반열에 올랐고 사흘 동안 1위 자리를 지켰다. 대기업들이 수천 부씩 책을 구입했고 월마트에서 대량 주문이 들어왔으며 〈우먼스 데이〉에 기사가 실렸다.

하지만 나는 『고객은 매 순간 태어난다』에는 정화 작업을 하지 않았다. 그 책은 출간되어 베스트셀러 근처까지 올라갔지만 상위 10위권에는 진입하지 못했다. 관심을 끌어 모으기 위해 대대적인 홍보 작업을 벌였지만 일부에서 관심을 보였을 뿐 판매는 시원치 않았다. 나는 휴렌 박사에게 이 점에 대해 말했다.

"물이 담긴 유리잔에 과일을 풍덩 빠뜨리듯이 당신 마음속에 그 책을 푹 담가 보세요. 오늘을 기점으로 그 책을 물속에 빠트리는 겁니다. 그리고 어떤 일이 벌어지는지 두고 봅시다."

그러고는 별안간 이렇게 물었다.

"오프라 윈프리 쇼에 나가고 싶나요?"

나는 그러고 싶다고 더듬거리며 대답했다. 그때는 아직 〈래리 킹 쇼〉에 출연하기 전이었기 때문에 〈오프라 윈프리 쇼〉는 너무

멀게 느껴졌다.

"막히지 않게 정화를 해야 합니다."

그가 충고했다.

정화. 정화. 정화.

"저자 두 명이 도전했었지만 막히고 말았지요."

그가 설명했다.

"나는 그러고 싶지 않아요."

내가 말했다.

"당신이 오프라 윈프리 쇼에 나가게 된다면 그건 그녀가 원해서지 당신이 원해서는 아닐 겁니다."

"의미심장하게 들리는데요."

내가 말했다.

"사람들이 당신을 위해 뭔가를 한다는 생각을 버리세요. 그들은 그들 자신을 위해 행동할 뿐입니다. 그러니 당신이 해야 할 일은 오직 정화뿐입니다."

정화. 정화. 정화.

휴렌 박사와 헤어지기 전에 나는 그가 정신병을 앓던 범죄자들의 병동에서 심리치료사로 일하던 시절에 대해 다시 물었다.

"당신이 분명히 알아줬으면 해요. 그건 쉽지 않은 일이었고 내가 혼자 한 일도 아니었습니다."

궁금한 마음을 참고 떠날 수밖에 없었다. 정말 궁금했다.
정화. 정화. 정화.

호오포노포노를 하는 사람들은 전부 다소 최면에 걸린 듯한 경험을 하는 것으로 드러났다. 이에 해당하는 사례를 들어 보겠다.

휴렌 박사님께.
저는 최근에 필라델피아의 호오포노포노 모임에 참석한 사람입니다. 따뜻하게 마음을 써 주신 점과 '고향'으로 가는 길을 깨우쳐 주신 점, 머리 숙여 감사 드리고 싶습니다. 저는 신성과 당신, 그리고 가르치는 일을 하도록 당신을 도운 모든 어린이들에게 영원한 고마움을 전하고자 합니다. 이제부터 펼쳐질 내용은 워크숍에 참가한 경험을 바탕으로 쓴 저의 증언이자 감사의 글이라고 할 수 있습니다. 호오포노포노의 힘을 못 미더워하는 사람들에게 전하는 추천사라고도 할 수 있겠죠. 필요하다고 생각하시면 얼마든지 사람들과 공유해 주세요. 별 흥미를 못 느끼시겠다면 그냥 버리셔도 좋습니다. 감사의 말씀을 전하는 것만으로도 저는 만족하니까요.
모두에게 마음속 깊이 감사를 전합니다.
정화를 통해 고향으로 돌아가는 모든 이들에게 신의 평화와 지혜, 건강, 그리고 장수의 축복이 있기를 기원합니다.

사랑과 축복을 보냅니다.

— 다나 하이네

필라델피아 호오포노포노 모임에 대한 소고

휴렌 박사는 강의와 그림 설명으로 워크숍을 시작했다. 그는 호오포노포노의 우주론을 전개했다. 그리고 우리에게 물었다.

"여러분은 누구입니까? 그걸 알고 계시나요?"

우리는 함께 각자의 진정한 자아를 탐구했다. 진정한 자아는 경이롭고, 영원하며, 무한하고, 총체적이며, 완전하고, 텅 빈, 공백의 실재이자 모든 평화가 흘러나오는 원천이다. 그는 그것을 '고향'이라고 불렀다. 그리고 '우리는 무엇이 문제일까?'라는 질문의 본질에 대해 그와 함께 탐구했다. 그는 물었다.

"어떤 문제든 그곳에 당신이 있다고 생각해 본 적 있나요? 그로 인해 어떤 깨달음을 얻었습니까?"

그는 노련한 소크라테스처럼 질문과 대답을 능숙하게 이끌어 내며 우리들을 그 과정 속으로 끌어들였다. 그때는 몰랐지만 휴렌 박사는 정화와 변형을 위해 우리에게 숨겨진 기억들과 판단들을 능숙하게 발굴해 내고 있었다.

나는 뭔가에 홀린 사람처럼 손을 들고 질문을 던지고 의견을 말했다. 하지만 어쩐지 시간이 흐를수록, 내가 질문을 할 때마다 휴렌 박사가 나를 무시하고 깔보는 것 같은 기분이 들었다. 대답이 들려올 때마다 얼굴이 화끈거렸고 공개적으로 망신을 당했다는 느낌을 떨칠 수 없었다.

일요일 아침이 밝았을 때 나는 휴렌 박사에게 너무 화가 난 나머지 그냥 떠나 버리고 싶었다. 휴렌 박사는 오만하고 우월의식에 물든 고압적인 사람이라고 판단 내린 나는 속을 부글부글 끓이며 화를 삭이지 못한 채 앉아 있다가 급기야 울음을 터트리기 일보직전까지 갔다. 너무 화가 나서 그만 일어나 나가고 싶었다. 워크숍을 포기할까 말까 생각하다가 자리에서 일어나 화장실로 갔다. 강의실에서 울게 될까 봐 두려웠기 때문이다. 암모니아 냄새가 진동하는 화장실 칸막이 안에 앉아 있자니 화가 머리끝까지 치밀어 올랐다. 화가 치밀다 못해 살인 충동까지 일어났다. 내 안의 무엇인가가 그 분노를 내보내지 않으려고 고집을 부렸다. 하지만 뭔가 다른 것이 나를 계속 설득하고 있었다.

'말해! 나를 용서해요. 나를 용서해요. 당신을 사랑해요라고!'

나는 분노를 향해 이 말을 외우고 또 외웠다. 바로 그때 불현듯 어떤 기억이 떠올랐다. 그것은 새로운 감정이 아니었다! 내 의식의 뒤편에서 조금씩 새어 나와 타오르고 있는 그것의 가면을 벗기자 예전에 느꼈던 그 감정, 남편이 나를 무시할 때나 시어머니가 늘 옳다고 주장을 할 때 느꼈던 바로 그 감정이었던 것이다. 시어머니는 말로는 팥으로도 메주를 쑤는 분으로, 아이처럼 연약한 나의 가슴을 온통 휘저어 놓곤 했다.

그때 나는 비로소 깨달았다. 그렇구나! 그것은 해묵은 기억이자 내 눈이 품고 있었던 분노의 불꽃이었다. 나는 그 불꽃을 다른 사람의 가슴 속으로 밀어 넣고 있었다. 그 기억의 검을 가슴에 품은 채 '현재'로 끌고 와서 다른 사람들을 베고 있었던 것이다. 휴렌 박사와 시어머니, 내 남편, 부시 대통령, 사담 후세인 등 누구든 닥치는 대로. 이게 바로 휴렌 박사의 요점이었다. 끊임없이 반복되는 재생의 순환 고리.

나는 떠나지 않았다. 대신 강연장으로 되돌아가 그날 남은 시간을 깊은 평온 속에서 보냈다. 나는 조용히 마음속으로 말했다.

'미안해요. 나를 용서해요. 고마워요. 사랑해요.'

그 후 휴렌 박사가 질문들에 대답을 했지만 종전과 같은 감정들은 자취를 감추었고 그에 대한 애정이 솟아났다. 변한 것은 그가 아니라 나였다. 내 안의 뭔가가 변한 것이었다.

강연장으로 돌아오고 얼마 뒤 휴렌 박사는 그가 호오포노포노를 처음 알게 되었을 때의 경험담을 들려주었다. 그는 워크숍을 한 번도 아니고 자그마치 세 번이나 포기했었다고 했다. 매번 강사가 미친 사람처럼 보였고, 그래서 매번 워크숍 비용을 날려 버렸다고 말이다. 나는 생각했다. '내가 무슨 생각을 했는지 혹시 박사님이 알고 있었나? 그를

미치광이라고 생각하면서 내가 나갈 뻔했다는 것도?'

다음 쉬는 시간에 나는 휴렌 박사에게 조심스럽게 다가갔다. 그는 아주 상냥한 말투로 남성의 지배에 대한 기억이 고대로부터 지금까지 반복되며 팽배해 있다고 설명했다. 여러 사람들이 공유한 이 기억을 지속적이고 부지런히 치유해야 한다고 말이다. 나는 집에 돌아와서야 워크숍에서 내게 일어난 치유의 깊이를 실감할 수 있었다.

그 주말 내내 휴렌 박사는 변형의 도구, 즉 주지주의主知主義를 타파하는 도구들을 제시했다. 나는 긴가민가하면서도 시키는 대로 연필을 들고 말했다.

"이슬방울."

그리고 종이 위에 고질적 문제라고 생각되어 적었던 단어들, '컴퓨터', '아들', '남편'을 적고 연필로 톡톡 두드렸다. 그리고 집에 돌아갔을 때 이것이 지닌 힘을 절감하게 만드는 일이 일어났다.

집에 도착하자 남편과 아들이 활짝 웃는 얼굴로 나를 맞이하며 이렇게 말했다.

"엄마가 없는 동안 무슨 일이 생겼을까요?"

"새 컴퓨터?"

나는 짐작으로 말했다. 기술자가 몇 시간씩 씨름을 해도 안 될 정도로 컴퓨터가 말썽을 부리는 통에 컴퓨터 안에 심술 마왕이 살고 있는 건 아닌가 생각하던 참이었다. 중요한 것은 이 변덕쟁이 컴퓨터 때문에 지난 몇 주 동안 가족 간에 불화가 잦았다는 점이었다. 컴퓨터는 아무래도 좋았다. 내가 원하는 건 화목이었다.

남편과 아들이 그렇다고 대답했을 때 나는 내심 놀랐다. 새 컴퓨터를 사다니. 어젯밤만 해도 6개월만 참고 기다렸다가 64비트 프로세서를 사자고 했던 그들이 아닌가.

"어떤 브랜드인지 맞혀 봐요."

나는 시중에 나와 있는 브랜드를 모조리 읊기 시작했다. 델, 휴렛 팩커드, 소니, 게이트웨이, 컴팩…….

"아니, 아니, 아니."

대답하는 족족 아니라고 하기에 나는 "포기!"를 외치고 말았다.

30년 지기 내 남편은 자기주장이 매우 강한 남자다. 그의 강철 같은 의지는 일단 집중력과 이성이 발동하면 놀라운 결정력을 발휘한다. 하지만 이성이 침묵을 지킬 때는 결단의 사나이라기보다 완강한 고집쟁이에 가깝기 때문에 요지부동일 때가 많다. 남편은 컴퓨터는 모름지기 튼튼해야 한다는 입장이기 때문에 아무것도, 정말 아무것도 그의 마음을 바꾸지 못했다. 그러니 두 부자가 나를 향해 "애플!" 하고 외쳤을 때 내가 기절초풍할 뻔한 것도 당연한 일이었다. 애초에 내가 원했던 건 애플 컴퓨터였지만 우리 집에서 애플이란 유대인 가정의 돼지고기나 다를 바 없었다.

뭐 별일도 아닌데 호들갑이냐고 할 수도 있겠다. 하지만 우리 부부는

30년이라는 세월 동안 산전수전 우여곡절을 다 겪으며 단결과 평등이라는 상호 목표 아래 고된 전투를 벌여왔었다. 난데없이 불거진 이 컴퓨터 사건은 싸움터의 전사들만이 아는, '칼을 내려놓자' 같은 평화협정을 의미했다. 그 순간 연필을 들고 '이슬방울'이라고 말하며 '남편', '컴퓨터', '아들'이라는 단어를 톡톡 두드렸던 기억이 떠올랐다. 30년 동안 진행된 분쟁이 어떻게 그렇게 쉽게 해결될 수 있었을까? 미안해요, 날 용서해요, 고마워요, 사랑해요라는 말이 시어머니, 전화, 회사, 남편 등 버거운 상대들과의 평생에 걸친 싸움을 단숨에 끝내 버렸단 말인가? 확실한 건 워크숍에 참가한 지 2주가 흘렀다는 점뿐이었다. 그동안 나는 휴렌 박사가 가르쳐 준 것을 종교 의식 행하듯 최선을 다해 매일 실천했다. 아들은 고질병을 극복했고, 이제 남편과 나는 그동안 꾹꾹 눌러 참기만 했던 이야기들을 터놓고 나누고 있다. 어젯밤 남편은 이렇게 말했다.

"여보, 원한다면 당신 것으로 노트북 컴퓨터를 사도록 해요."

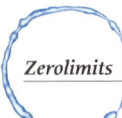

Zerolimits

의심하는 마음은 궁금해 한다

> 인생의 목적은 매 순간 사랑을 회복하는 것입니다.
> 이 목적을 달성하기 위해서는 각자 자신의 삶이 그렇게 된 데 대한
> 모든 책임이 본인에게 있음을 인정해야 합니다. 매 순간 자신의 삶이
> 어떤 모습으로 어떤 위치에 있다면 자신의 생각이 그렇게 만들어 놓았다는
> 점을 명심하세요. 문제는 사람들이나 장소나 상황에 있는 것이 아니라
> 그것들에 대한 생각에 있습니다.
> ─ 이하레아카라 휴렌

앞에서도 언급했지만 나는 '세상에서 가장 독특한 심리치료사'라는 글을 기고한 적이 있다. 그 후 그 글은 내 블로그와 내 웹사이트에 올라갔고, 데이비드 리클란David Riklan의 저서 『인생을 개선하는 101가지 방법101 Great Ways to Improve Your Life』에도 실렸다. 내가 쓴 글은 많은 사람들의 마음을 감동시켰지만 모든 사람들에게 그랬던 것은 아니었다. 정신병을 앓는 범죄자들은 정신과 의사든 뭐든 그 누구라도 고칠 수 없다고 믿는 사람들도 있었고, 휴렌 박사에게 편지를 보내 '증명'해 보라고 요구한 사람도 있었다. 그 사람은 휴렌 박사가 정신병원에서 일한 사실을 구체적으로 확인하고 싶어 했다. 이것은 나 역시 마찬가지였다. 진실은 알

려져야 한다. 이점에 대해 휴렌 박사는 다음과 같이 상세한 답변을 주었다.

나는 하와이 주 복지부가 운영하는 하와이 주립 병원 내 정신 요양시설에서 임상심리학자로 일했습니다. 1984년 처음 통제 구역 병동에 들어갔을 때는 모든 격리 병실이 거친 환자들로 꽉 차 있었습니다. 그때의 상황은 다음과 같았습니다.

1. 나는 1984년부터 1987년까지 강도 높은 보안이 필요한 남환자 병동에서 주당 20시간을 일했다. 그 환자들은 살인, 강간, 마약, 폭력 전과범들이었다.
2. 병동에는 다른 사람들을 폭행하는 것을 막기 위해 금속 팔찌와 족쇄를 찬 환자들이 늘 몇 명씩 있었다.
3. 환자들 사이의 폭행이나 환자들이 직원들을 폭행하는 일이 빈번하게 일어났다.
4. 환자들은 스스로를 아끼고 갱생하려는 의지가 별로 없었다.
5. 병동 내에서 갱생 프로그램 같은 활동들이 없었다.
6. 병동 밖에서 허용된 활동이나 놀이, 작업도 없었다.
7. 가족들이 환자들을 면회하러 병동을 찾아오는 일은 극히 드물었다.
8. 환자들은 의사의 서면 허락 없이는 격리 병동을 벗어나지 못했고 벗어난다

해도 팔찌나 족쇄를 차야 했다.

9. 환자들은 몇 년씩 입원하는 경우가 많았기 때문에 그들을 관리하는 비용만 일 년에 3만 달러는 족히 들었을 것이다.

10. 병동에서 일하는 직원들은 병가가 잦았다.

11. 병원 환경은 칙칙하고 황폐했다.

12. 병동 직원들은 본래 마음씨가 따뜻한 사람들이었다.

이제까지 내가 설명한 내용은 국내의 여타 정신병원과도 별반 다르지 않은 흔한 경우라고 생각합니다. 그리고 1987년 내가 이 병원을 떠날 당시 병원은 다음과 같이 달라져 있었습니다.

1. 격리실이나 팔찌, 족쇄를 더이상 사용하지 않았다.

2. 극심한 폭력 사건은 매우 드물게 일어났고 대개는 신참 환자들에게서만 발생했다.

3. 환자들은 병원을 떠나기 전에 살 집과 일자리, 법률문제 등 자기 일을 스스로 처리했다.

4. 조깅이나 테니스 같은 병동 밖에서의 여가 활동들이 의사의 허락이나 팔찌와 족쇄의 착용 없이 진행되었다.

5. 세차 같은 병동 밖에서의 노동이 의사의 허락이나 팔찌와 족쇄의 착용 없이 실시되기 시작했다.

6. 병동 내에서 환자들이 하는 일과 중 빵을 굽고 신발을 닦는 일이 포함됐다.
7. 가족들이 면회를 오는 횟수가 늘었다.
8. 직원들이 상습적으로 병가를 내는 일이 없어졌다.
9. 사람들이 병동 환경에 신경을 쓰게 되면서 도색 작업과 보수 작업을 제때 한 결과 병동 환경이 상당히 쾌적해졌다.
10. 병동 직원들은 환자들이 스스로를 완전히 책임질 수 있도록 지원하는 데 더욱 노력을 기울였다.
11. 환자들이 입원해서 퇴원하기까지 걸리는 시간이 수년에서 몇 달로 급감했다.
12. 환자와 직원의 삶이 보호 관리 차원에서 급격히 개선되었고 사람들은 서로를 아끼게 되었다.

병동의 임상심리학자로서 내가 한 일은 무엇이었을까요? 나는 회개와 용서와 변형의 호오포노포노를 실행했습니다. 병동으로 가기 전에도, 병동에 있는 동안에도, 병동 밖에서도, 의식적으로든 무의식적으로든 문제를 일으키고 있는 내 안의 '그것'을 청소했지요.

나는 한 번도 병동의 환자들을 진료하거나 심리치료를 하지 않았습니다. 환자 사례 연구 회의에도 참석하지 않았죠. 다만 나는 정신과 의사로서 문제를 유발하는 내 안의 것들을 백 퍼센트 책임지고 정화했을 뿐입니다. 나는 '나를 있게 한 나'의 창조물입니다. 모든 사람들이 완벽하고 모든 것들이 완벽합니다. 불완전한 것은 반발하고 재생되는 기억들, 즉 판단, 분노, 화, 짜증 같은 기억들입니다.

나의 평화.

―이하레아카라 휴렌

나 역시 호오포노포노를 배우는 과정에 있었지만 마음을 열고 기꺼이 동참하려는 사람들에게 호오포노포노를 가르쳐 주기도 했다. 물론 그들의 열린 마음은 그들이 아니라 내 모습을 반영했다. 내가 투명해질수록 주변 사람들도 투명해졌다. 하지만 이것은 받아들이기 힘든 사실이었다. 내면보다는 외부를 변화시키고 싶은 마음이 더 쉽게 들기 때문이다.

나는 네리사와 함께 부동산업자의 안내로 마우이 일대의 집을 보러 다닌 적이 있었다. 우리는 치유와 영성靈性, 영화 〈시크릿〉, 그리고 개인의 성장 등 많은 이야기를 나누었다. 그렇게 흥미로운 대화를 나누며 차로 이동하던 중에 별안간 계시처럼 느껴지는 일이 일어났다.

그 중개업자는 휴렌 박사가 하와이식 치유법인 호오포노포노를 써서 정신병을 앓는 범죄자들의 병동 전체를 고쳤다는 기사를 읽었다고 했다. 자기 역시 그 기사를 읽고 영감을 얻었지만, 다른 사람들과 마찬가지로 잘 이해하지 못하고 있다고 말했다. 그런데 마우이의 아름다운 섬 주변을 돌아다니던 중 그는 팔리지 않는 어떤 집 얘기를 꺼내며 불평하기 시작했다. 집주인과 매수자 사이의 분쟁에 휘말려 거래는 뒷전이 되는 바람에 당분간 그 집을 매매하기가 힘들게 됐다는 것이었다. 중개업자는 분명 그들의 행동에 실망하고 있었다. 순간 잠자코 듣고만 있던 내 머릿속으로 어떤 생각이 영감처럼 떠올랐다. 내가 물었다.

"휴렌 박사님이라면 호오포노포노를 써서 이 상황을 어떻게 처리할지 궁금하지 않아요?"

"궁금합니다!"

중개업자가 호기심을 보이며 외쳤다.

"정말 구미가 당기는데요. 어서 말씀해 보세요."

"아마 도움이 될 거예요."

네리사도 거들었다.

"나는 휴렌 박사님은 아니지만 그와 함께 책을 쓰는 중이고 그에게서 훈련을 받은 사람으로서 박사님이 이 상황을 어떻게 처리할지 알 수 있을 것 같군요."

"말씀해 보세요!"

"휴렌 박사님이라면 자신의 마음을 들여다봤을 겁니다. 마음속의 무엇이 외부에서 경험과 공유되고 있는지를 보기 위해서 말이죠. 박사님은 정신병원에서 일할 때 환자들의 기록을 살펴 봤습니다. 그들이 저지른 일에 대해 반감을 느꼈든 아니든, 그는 범죄자 개인을 진료하고 치료한 적은 없습니다. 대신 휴렌 박사 자신이 느낀 감정들을 다루었던 거죠. 마음을 정화할수록 환자들 또한 정화되면서 치유되기 시작했습니다."

"마음에 드는데요."

중개인이 말했다.

"대부분의 사람들은 책임의 진정한 의미를 모르고 있어요. 사람들은 비난하기를 좋아합니다. 하지만 나이가 들고 아는 것이 많아질수록 자신의 말과 행동에 대한 책임이 자신에게 있음을 알게 됩니다. 거기서 한 고비를 더 넘어가 보면 다른 사람의 말이나 행동 역시 모두 자신의 책임이라는 걸 깨닫게 되지요. 이유는 간단해요. 타인의 말과 행동이라도 자신의 경험 안에 있기 때문이죠. 눈에 보이는 모든 것, 싫어하는 부분까지 모두 자신이 창조한 것입니다."

중개업자는 미소를 지으며 고개를 끄덕였다. 나는 계속해서 말했다.

"이 상황에서 집주인이든 매수자든 그들이 어떻게 하느냐는 큰 의미가 없어요. 당신이 어떻게 하느냐에 달렸죠. 휴렌 박사가 한 일은 단순히 '사랑합니다', '미안합니다', '나를 용서하세요', '고맙습니다' 같은 말을 반복한 것뿐이었어요. 다른 사람들에게 한 것이 아니라 신성에게 말을 한 거죠. 요지는 공유한 에너지를 정화하는 것입니다."

"나도 해 봐야겠군요."

중개업자가 말했다.

"하지만 뭔가를 얻기 위해 하지는 마세요, 사람들이 다시는 이런 일을 경험하지 않도록 우리가 공유한 에너지를 말끔히 몰아내는 데 의의가 있습니다. 정화 작업이죠. 그것을 절대 멈추지 마세요."

나는 잠시 말을 멈추었다.

중개인은 내 말을 알아들은 것처럼 보였다. 눈을 크게 뜨고 웃음이 가득한 얼굴로.

"어떤 것이 당신의 인식 속으로 들어왔다면, 그것을 정화하고 치유하는 것은 당신에게 달려 있습니다. 하지만 이 매매 문제가 내 관심 속으로 들어왔으니 내가 그걸 정화해야겠지요. 이제 이것은 내 경험의 일부가 되었어요. 내가 나의 경험의 창조자라면, 이것 역시 내가 책임져야 하는 것이죠."

차를 몰고 마우이의 다른 집들을 돌아다니는 동안 나는 이 문제가 저절로 가라앉도록 내버려 두었다.

그로부터 며칠 후 나는 그 중개인으로부터 이메일을 한 통 받았다. 그는 줄곧 휴렌 박사의 치유법을 쓰고 있다고 했다.

바로 이렇게 이루어지는구나.

모든 것이 사랑이다.

사랑은 계속된다.

그리고 책임은 전적으로 나에게 있다.

어느 날 나는 텍사스 주 윔벌리 공동교회의 리더 민디 허트와 함께 '돈의 비밀'이라는 주제로 세미나를 열었다. 세미나 후반부에 호오포노포노의 정화법을 참석자들에게 가르쳐 주었는데, 세미나가 끝나고 어느 신사가 다가와서는 내게 말을 건넸다.

"나는 '미안하다'거나 '용서해 달라'는 말을 잘 못합니다."

"왜죠?"

"자애로운 신이나 신성이 내가 용서 빌기를 기다린다는 게 믿기지 않습니다. 신성이 나를 용서해야 한다고 생각하지도 않고요."

나는 잠시 생각한 후에 진작 말해 주었어야 할 말을 들려주었다.

"그 말은 신성에게서 용서를 받기 위해 하는 게 아닙니다. 당신 자신을 청소하기 위한 것이죠. 신성을 향한 말이었어도 그것은 결국 당신을 정화시킵니다."

다른 말로 하면 신성은 이미 우리에게 사랑을 쏟아 붓고 있다는 뜻이다. 결코 멈춘 적이 없다. 제로 상태, 한계가 없는 제로 상태는 순수한 사랑의 상태라고 표현할 수 있다. 아마 가장 근접한 표현일 것이다. 사랑은 그곳에 있다. 하지만 우리는 아니다. 따라서 '사랑해요', '미안해요', '용서해요', '고마워요'라고 말함으로써 순결한 상태, 즉 사랑으로부터 우리를 차단하는 우리 안의 프로그램들과 기억들을 깨끗이 없애야 한다.

거듭 강조하지만 신성은 우리가 호오포노포노를 하는 걸 필요로 하지 않는다. 그것을 필요로 하는 건 우리 자신이다.

나는 얼마 전에 아끼는 친구로부터 가슴 아픈 사연의 이메일을 받았다. 그녀는 내게 물었다.

"어떤 사람이 당신의 책을 읽고, 영화 〈시크릿〉을 보고, 매일 당신 블로그의 글을 읽으며, 정말 최선을 다하는데도 여전히 빈털터리에 불행하고 실패만 계속하고 있다면 그 사람에게 무슨 말을 하시겠어요?"

그녀의 고통이 고스란히 전해졌다. 성공을 거두기 전까지 나는 노숙자로, 가난뱅이로 십 년을 빈곤과 싸우며 살았다. 그랬기에 늪에 빠져 버린 기분, 그게 어떤 것인지 아주 잘 안다.

당신이라면 그런 사람에게 뭐라 말하겠는가?

예전 같았으면 나는 해결책들을 제시했을 것이다. 클라우드 브리스톨Claude Bristol의 『신념의 마력The Magic of Believing』을 읽어 보세요, 영화 〈시크릿〉을 추천합니다, 원하는 삶을 상상해보세요, 매일 꾸준히 명상을 하세요, 스스로를 파괴하는 문제들을 해결하세요 등등. 하지만 그런 정공법은 내가 터득한 바로는, 그리고 휴렌 박사 역시 증언하는 바로는 거의 통하지 않는다.

그렇다면 어떡해야 할까? 당신이라면 고통 속에서 꼼짝달싹 못하는 사람을 어떻게 돕겠는가? 호오포노포노에 따르면 자기 자신을 정화하는 것이 유일한 방법이다. 내게 이메일을 보낸 친구를 포함해 나와 접촉한 사람들은 모두 어떤 기억이나 고정관념을 나와 공유하고 있으며, 그것은 바이러스처럼 전염성이 강하다. 따라서 그들을 비난해서는 안 된다. 그들은 궁지에 몰려 옴짝달싹 못하는 것뿐이다. 내가 그들에게 밧줄을 던져 주어도 그들은 대부분 그것을 외면하거나 오히려 자신의 목을 매다는 데 사용한다.

내가 할 수 있는 일은 오직 나를 정화하는 것뿐이다. 내가 정화되면 그들도 정화되기 때문이다. 우리가 함께 공유하는 프로그램들을 비워 낼 때 그것들은 모든 인류를 떠날 것이다. 요즈음 내가 하는 일은 이것이 전부다. 또 이것은 휴렌 박사와 내가 처음 전화로 기나긴 통화를 했던 날, 박사가 자신이 하는 일로 가장 먼저 언급한 것이기도 하다.

"내가 하는 일은 정화, 정화, 정화뿐입니다."

나 역시 할 수 있는 말이라고는 '사랑합니다', '미안합니다', '용서해주세요', '고맙습니다'가 전부다. 나머지는 모두 신성에게 달려 있다. 나는 이것이 무정하다고 생각하지 않는다. 오히려 가장 깊은 마음으로부터 나오는 것이다. 이 글을 쓰고 있는 지금 이 순간에도 나는 이 작업을 멈추지 않고 있다.

자, 이제 아래의 구절을 잘 음미해 보길 바란다.

내게 편지를 보낸 그 사람의 이야기는 이제 당신의 경험이 되었다. 당신에게 치유할 책임이 있다는 뜻이다. 당신이 당신의 현실을 만들어 왔다면 이 이야기가 당신 현실의 일부가 되었으므로 이 상황 역시 당신이 만들어 낸 것이다. 나는 당신을 '사랑합니다'란 말로 이것을 치유하기를 바란다.

당신이 당신 자신을 치유할 때, 내게 편지를 쓴 사람과 그 프로그램을 공유한 모든 사람들이 치유될 것이다.

Zerolimits

선택은 한계가 있다

지금 이 순간에도 우리는, 우리들 각자의 청사진을 알고 있는 신성에게, 우리를 옭아맨 모든 생각들과 기억들을 치유해 달라고 간청할 수 있습니다.
— 모르나 날라마쿠 시메오나

2006년 10월, 휴렌 박사가 며칠간의 일정으로 나를 만나러 텍사스의 오스틴으로 날아왔다. 공항에서 만난 우리는 만나자마자 인생과 신, 프로그램, 정화 등에 관한 많은 이야기를 나누었다. 그가 내 근황을 묻기에 나는 내가 얼마나 신이 나 있는지를 말해 주었다.

"어떤 영화에서 이런 말이 나왔죠. '어떤 사람들은 늘 깨어 있고 그들의 삶은 경이로움의 연속이다.' 제가 요즘 그렇습니다. 인생이 내게 선물한 마법과 기적 때문에 마냥 콧노래를 부르고 있어요."

"자세히 말씀해 보세요."

그가 재촉했다.

나는 그에게 내가 아끼는 새 차의 이야기를 해 주었다. 2005년형 고급 수제 스포츠카 파노즈 에스페란테는 손으로 일일이 조립한 것은 물론이고 부품마다 만든 사람의 서명과 이름이 붙어 있었다. 내 차의 이름은 프란신이었다. 휴렌 박사라면 그 차에 깃든 사랑과 그 차를 살아 있는 사람처럼 대하는 걸 이해할 거라고 나는 믿었다. 그에게는 세상 만물이 모두 살아 있는 것이나 다름없으니 말이다.

내가 영화 〈시크릿〉에 출연한 것을 계기로 〈래리 킹 쇼〉에 나가게 됐다고 말하자 그가 물었다.

"래리 킹은 어떤 사람입니까?"

나는 직선적이지만 다정하고 지혜로운 사람이라고 대답하고는 내가 쓴 책 두 권이 좋은 반응을 얻고 있다는 소식도 전했다. 얼마 지나지 않아 그는 내게서 넘쳐흐르는 활력을 느꼈을 것이다.

"처음 호오포노포노 수업을 들었을 때에 비해 뭐가 달라졌습니까?"

나는 잠시 생각한 후에 대답했다.

"통제하려는 마음을 버렸어요. 그냥 내버려 두죠. 다만 정화하고, 지우고, 제로 상태로 가려고 노력할 뿐입니다."

그는 내 어깨를 다독이고는 미소를 지었다. 그럴 줄 알았다는 듯이, 그 순간을 간직하려는 듯이.

우리는 내 차가 있는 곳으로 걷기 시작했다. 그가 몇 발짝도 못 가서 걸음을 멈추고는 나를 빤히 바라보았다.

"발걸음이 꼭 나는 것 같군요."

그가 감탄하며 말했다.

"발에 스프링이라도 달린 것 같아요."

"박사님을 만나 기분이 좋아서 그렇지요."

그날 휴렌 박사와 저녁을 먹으며 내 책 한 권의 반응이 신통치 않아 실망스럽다는 말을 꺼냈다.

"죠셉, 그 책을 사랑하셔야 돼요."

내가 바라는 건 그 책이 잘 팔리는 것인데, 사랑이 판매와 무슨 상관이 있다는 건지 이해가 되지 않았다.

"당신에게 아이가 셋 있는데 한 아이가 학교 성적이 부진하다고 해서 그 아이에게 실망했다고 말하고 있는 건가요?"

"아뇨."

내가 대답했다. 그 순간 머리를 한 대 얻어맞은 것 같았다. 내 책은 내 자식이구나. 박사의 말처럼 '왜 너는 다른 아이들만 못하냐'고 꾸짖은 꼴이었다.

"이제 아셨지요. 죠셉, 모든 자식들을 사랑하셔야 돼요."

인생의 학교에서 성적이 부진하다고 내 '아이'를 외면했다고 생각하니 너무나 가슴 아프고 미안한 마음이 들었다. 나는 가슴 속 깊이 내 책을 새기며 마음으로 신성에게 말하기 시작했다.

'사랑합니다. 미안합니다. 용서하세요. 고맙습니다.'

그날 집으로 돌아간 나는 그 책을 가슴에 꼭 품고는 사랑하는 부모의 마음으로 있는 그대로 감사하지 못한 데 대한 용서를 빌었다.

얼마 후 휴렌 박사와 함께 텍사스 주 윔벌리에 있는 내 집 근방으로 가고 있을 때 그가 내 안에서 엘프를 봤다고 말했다.

"뭐라고요?"

"엘프, 북유럽 신화에 나오는 요정 말입니다."

휴렌 박사는 내가 보지 못하는 것들을 곧잘 보곤 했는데, 그는 그것을 심령心靈 능력이라고 부르지 않고 그저 매 순간 마음을 털어놓는 것이라고 표현했다.

"그 엘프는 큰 눈과 큰 귀를 가졌어요. 그는 안에 있으려고 하고 사람들 앞에 서는 걸 싫어하지요."

"제가 그런 면이 있어요. 집에 틀어박혀서 컴퓨터를 두드리고 사람들과 부딪히기를 꺼리지요. 그런데 한편으로는 주목받는 것도 좋아해요. 내 마음의 3분의 2가량은 래리 킹이나 오프라 윈프리처럼 인기를 끌었으면 하는 욕심으로 채워져 있어요. 하지만 나머지 마음은 집에 틀어박혀 지내고 싶어 하죠."

"당신의 엘프가 당신을 온전하게 붙들고 있는 겁니다."

휴렌 박사가 설명했다.

"스타가 되려고 안달하는 사람들은 스스로를 극단으로 몰고 갑니다. 반대로 동굴 속에 살고 싶은 사람들은 커다란 굴속에 숨어 자신의 빛을 가둬 버리죠. 당신은 균형을 이루고 있어요."

그날 나는 아내에게 박사가 언급한 엘프에 대해 말해 주었다.

"무대에 서고 싶은 당신의 분신은 뭐라고 부르나요?"

아내가 물었다.

"모르겠어요."

아내는 잠시 생각하더니 말했다.

"스프라이트sprite(물가에 사는 작고 귀여운 요정 ― 옮긴이)가 좋겠어요."

"스프라이트?"

"네 스프라이트. 잘 어울려요."

다음 날 휴렌 박사에게 아내가 내 외향적인 분신을 스프라이트라고 이름 지었다고 말하자 그가 한바탕 웃음보를 터뜨리고는 마음에 든다고 말했다.

"스프라이트는 빛을 좋아하지요."

며칠 뒤 나는 차를 몰고 휴렌 박사를 만나러 그가 있는 곳으로 갔다. 그는 나이가 지긋한 멕시코 여인 두 명과 함께 테이블에 앉아 있었는데, 그 부인들은 그의 말 한마디 한마디에 집중하고 있었다. 휴렌 박사가 나를 불렀다. 커피를 한 잔 들고 그의 옆자리에 앉으려는데 그가 나를 말리더니 그와 한 자리 떨어진 여성들의 맞은편 의자에 앉으라고 권했다.

"이분들께 당신이 무슨 일을 하는지 말씀 드리세요."

나는 내 책에 대한 이야기와 영화에 출연한 일, 그리고 사람들이 행복을 찾도록 도움을 주고 있다는 이야기를 했다.

"당신이 문제를 다루는 방법도 말씀해 주세요."

그가 말했다.

"과거에는 내 문제든 다른 문제든 그것을 해결하려고 들었지만, 지금은 그냥 내버려 둡니다. 문제를 유발한 기억들을 그냥 정화합니다. 그러면 문제는 풀리고, 그렇게 풀리는 대로 저는 만족합니다."

"예를 하나 들어 줄래요?"

"한때 저는 제 동생 때문에 무척 속이 상했습니다. 그 애 가정이 파탄 난 데다 생활 보조비를 받으며 생활해야 했기 때문이에요. 동생은 정체성까지 잃어버릴 정도였지요. 그 애가 불행해지는 것을 보며 정말이지 속이 타들어가는 것만 같았습니다. 그래서 돈에, 책에, 영화에 심지어는 그 영화를 보라고 DVD 플레

이어까지 보내 줬죠. 그러나 아무 소용없었어요. 도무지 변할 생각을 하지 않았죠. 그런데 이제는 그 애를 변화시키려고 애쓰지 않아요."

"그럼 어떻게 하고 계시나요?"

한 여성이 물었다.

"나를 변화시키고 있습니다. 동생은 지금 그 애가 의도한 대로 살고 있는 게 아닙니다. 반복되는 프로그램, 기억에 의한 것입니다. 그 애는 그 그물에 걸린 거예요. 바이러스에 걸린 거죠. 그건 그 애의 잘못이 아니에요. 또한 내가 그걸 느끼고 그 애의 고통을 안다는 건 나 역시 같은 바이러스를 공유하고 있다는 뜻이죠. 만일 내가 그걸 비워 낸다면 그건 그 애에게서 역시 떠날 겁니다."

"어떻게 정화해야 하죠?"

"그냥 '사랑해요', '미안해요', '용서해요', '고마워요'라는 말을 계속 반복하면 됩니다."

휴렌 박사는 '사랑해요'라는 짤막한 말 속에 무엇이든 바꿀 수 있는 세 가지 요소가 있다고 설명했다. 감사, 존경, 변화. 나는 내 생각을 덧붙여 설명했다.

"그 말들은 마법과 같아서 우주의 자물쇠를 열어 줍니다. 시를 읊듯 그 말들을 흥얼거리면 나 자신이 신성에게로 활짝 열리죠. 그러면 신성은 내가 지금 이곳에 있지 못하도록 길을 가로막는 모든 프로그램들을 지우고 나를 정화합니다."

휴렌 박사는 내가 호오포노포노의 정화 방법을 잘 설명했다고 말했다.

"바이러스에 감염되었다는 표현이 정확합니다. 세상에는 여러 가지 바이러스가 존재하고 우리들은 그 바이러스에 감염됩니다. 만일 누군가가 그 바이러스를 가지고 있고 당신이 그걸 눈치챘다면, 당신 역시 그 바이러스를 가지고 있는 것입니다. 중요한 것은 백 퍼센트 책임을 지는 것입니다. 여러분 스스로를 정화하면 다른 사람의 프로그램도 정화하는 것이 됩니다."

그는 잠시 멈추었다가 덧붙였다.

"하지만 아까도 말했듯 세상에는 바이러스가 정말로 많아요. 제로의 땅에 무성한 잡초처럼. 한계가 없는 제로에 이르기 위해서는 상상을 초월할 정도로 많은 정화 작업을 반복해야 합니다."

놀랍게도 두 여인은 머리가 빙빙 돌 정도로 난해한 이야기들을 모두 이해하는 듯 보였다. 나는 그들이 같은 진동에만 울리는 소리굽쇠처럼 휴렌 박사의 일정한 진동에 주파수를 맞추고 있는 것이 아닌가 하는 의문이 들었다.

휴렌 박사와 나는 산책을 나갔다. 청명한 아침 공기를 마시며 먼지 낀 자갈길을 따라 어슬렁거리며 걸었다. 사슴들이 우리 주위를 지나 다녔다. 그런데 어디선가 개들이 떼로 나타나 물어뜯을 기세로 우리를 향해 왕왕 짖어댔다. 우리는 얘기를 멈추지 않고 계속 걸었다. 갑자기 휴렌 박사가 개들에게 손을 흔들며 그들을 축복하듯 말했다.

"우린 너희들을 사랑한단다."

그러자 개들이 짖는 것을 멈추었다.

"사랑받고 싶지 않은 사람이 있을까요?"

그가 말했다.

"당신도, 나도, 개들도 마찬가지랍니다."

무리 중 뒤에 처져 있던 작은 개 한 마리가 나지막이 낑낑거렸다. 박사가 '그래' 하고 말하는 소리가 들리는 듯했다. 어쩌면 '고맙다'였을지도 모른다. 아님 '나도 널 사랑해'였을지도.

나는 휴렌 박사와 대화할 때마다 항상 새로운 자극을 받았다. 한번은 그가 "인생의 유일한 선택은 '정화를 하느냐 마느냐'에 관한 것밖에 없다."고 말해 깜짝 놀랐다.

"기억으로 살든지 영감으로 살든지, 그것뿐입니다."

내가 대답했다.

"나는 사람들에게 영감으로 사느냐 아니냐는 자신의 선택에 달렸다고 늘 강조해 왔습니다. 자유의지라고요. 신성이 메시지를 보내면 우리는 그것에 따라 행동할 수도, 그렇지 않을 수도 있죠. 행동한다면 모든 게 잘 풀릴 것이고 그렇지 않다면 아마도 문제가 생기겠죠."

"선택은 정화를 하느냐 마느냐입니다. 마음이 깨끗하면 영감이 솟구칩니다. 그대로 행동하면 되죠. 생각할 필요는 없어요. 생각을 하면 영감을 다른 것과 비교하게 되는데, 그렇게 비교하는 것 자체가 기억입니다. 그러지 않고 기억을 정화하면 선택할 필요가 아예 없어집니다. 그냥 영감을 받아들이고 생각 없이 그대로 행동하는 것입니다. 그것뿐입니다."

그 순간 큰 깨달음이 나를 뒤흔들었다. 그동안 선택이 자유의지에 의해 이루어진다고 글이나 말을 통해 주장한 것이 창피하게 느껴졌다. 하지만 이제는 안다. 자유의지 자체도 우리를 옭아맨 기억이라는 걸! 제로 상태에 있다면, 그곳에는 한계가 없으므로 그곳에 있는 것을 하면 된다. 바로 그거다.

"우리는 큰 교향곡의 일부입니다."

휴렌 박사가 설명했다.

"각자 연주할 악기가 있죠. 나도 있습니다. 당신의 독자들 역시 그들의 악기가 따로 있어요. 같은 악기는 없습니다. 콘서트를 열려면 모든 사람들이 즐거운 마음으로 자신의 악기를 연주해야 합니다. 다른 사람의 악기가 아닙니다. 자신의 악기를 집어 들지 않거나 다른 악기가 더 좋다고 생각한다면 문제가 발생하겠죠. 그게 바로 기억이에요."

콘서트를 열려면 무대를 꾸밀 직원들을 비롯해 프로모터와 청소부 등 매우 다양한 사람들이 필요하다. 각자의 역할이 다를 뿐이다.

자신만의 성공법을 몰라서 헤매던 많은 사람들이 생각났다. 영화 〈대부The Godfather〉와 텔레비전 시리즈 〈라스베이거스Las Vegas〉에 출연한 유명 배우 제임스칸James Caan. 나는 그를 두세 번 만난 적 있었다. 그가 스타가 된 것은 그 자신에게 언제나 미스터리였다. 뛰어난 배우를 넘어서서 전설로 우뚝 선 그가 한 것이라고는 자기 자신답게 산 것뿐이며, 우주의 각본에서 자기 역할을 찾아내어 그대로 연기한 것뿐이었다.

나 역시 마찬가지다. 나를 만난 사람들 중 몇몇은 나를 큰 스승처럼 대우했다. 영화 〈시크릿〉이나 『돈을 유혹하라』 같은 내 책들을 읽은 사람들 중에는 내가 신과 통하는 '직통 전화번호'라도 갖고 있는 것처럼 생각하는 이도 있었다. 하지만 진실로 고백하건대, 나는 그저 인생의 '콘서트'에서 내가 맡은 역할을 수행하고 있을 뿐이다.

당신이 당신의 역할을 하고 내가 나의 역할을 할 때 세상은 순조롭게 흘러간다. 하지만 당신이 내가 되려 하고 내가 당신이 되려 하면 문제가 발생한다.

"누가 그 모든 역할을 정했을까요?"

내가 휴렌 박사에게 물었다.

"신성이죠. 제로."

그가 대답했다.

"언제 정해졌을까요?"

"당신과 내가 태어나기 훨씬 전, 아메바조차 세상에 없을 때."

"그렇다면 자유의지는 전혀 없다는 뜻인가요? 우리는 그냥 각자의 역할에 매여 있는 걸까요?"

"우리에게는 완전한 자유의지가 있어요. 숨을 쉬면서도 우리는 창조를 하고 있습니다. 하지만 제로의 삶을 살고 그곳에 이르려면 모든 기억들을 내보내야 합니다."

이 말 역시 당시에는 전부 이해하지 못했다는 것을 고백해야겠다. 하지만 내 악기를 연주하는 것이 내 임무라는 것만큼은 알 수 있었다. 내가 내 악기를 연주한다면 인생의 조각 맞추기 게임에서 한 조각을 맞춘 셈이다. 만약 내가 조각 맞추기 판의 다른 부분에 억지로 나를 끼워 넣으려 한다면 전체 그림이 어그러질 것이다.

"죠셉, 당신의 의식은 완전히 모든 걸 이해하려고 들겠지만 우선 이걸 명심하세요. 우리의 의식은 항시 일어나는 150만 비트 중에서 고작 15비트만을 인식할 수 있다는 걸요. 진짜 벌어지는 일들을 의식은 전혀 짐작도 못하지요."

그다지 듣기 좋은 말은 아니었다. 적어도 내 의식적인 마음에게는 말이다.

앞에서 언급한 것처럼 나는 '돈의 비밀'이라는 주제로 세미나를 연 적이 있었다. 그때 나는 "투명한 사람은 얼마든지 돈을 벌 수 있으며 빈털터리라면 그것은 그 사람이 투명하지 않다는 증거"라고 말했다. 언젠가 휴렌 박사에게도 이 얘기를 했고 그는 내 말에 동의하며 이렇게 말했다.

"기억은 돈을 쫓아냅니다. 돈에 대해 투명하다면 그걸 가질 수 있지요. 우리가 돈을 받아들인다면 우주가 돈을 줍니다. 기억이 중간에서 그걸 막거나 보지 못하도록 방해를 하는 겁니다."

"어떻게 해야 투명해지죠?"

"계속 '사랑합니다'라고 말하세요."

"그걸 돈에게 말하라고요?"

"돈을 사랑할 수도 있겠지만 신성에게 말하는 것이 더 좋아요. 제로 상태에 있을 때는 한계가 사라지기 때문에 돈이 우리에게 올 수 있습니다. 하지만 기억 속에 있다면 벽이 생기죠. 돈에 대한 기억들이 많거든요. 그것들을 내게서 몰아내야 다른 사람들에게서도 사라진답니다."

우리는 카페로 가서 커피를 주문했다. 소파에 앉아 고즈넉한 분위기를 즐기고 있자니 점차 사람들이 밀려들면서 북새통을 이루었다. 카페에는 금세 활기가 넘쳐흘렀다.

"봤죠?"

그가 물었다.

"와글와글하네요. 사람들이 더 행복해 보이는군요."

내가 말했다.

"우리가 더 투명한 우리의 자아를 데려온 거예요. 이곳도 그걸 느끼고 있어요."

휴렌 박사는 그가 방문했던 유럽의 레스토랑 이야기를 꺼냈다. 장사가 지지부진했던 레스토랑이 그가 방문한 뒤로 매출이 늘었다는 이야기였다. 그는 같은 일이 일어나는지 확인하기 위해 몇 군데 다른 곳을 방문했고 결과는 같았다. 그래서 그는 한 레스토랑 주인에게 가서 이렇게 말했다고 한다.

"우리가 당신 가게에 오면 매출이 뛸 겁니다. 그러니 우리에게 공짜 음식을 주시는 게 어떻소?"

주인은 이에 동의했고 휴렌 박사는 그가 그곳에 간다는 이유만으로 종종 그곳에서 공짜 식사를 대접받곤 했다.

휴렌 박사는 돈을 그냥 줄 때도 있다. 우리가 작은 가게에 들어갔을 때였다. 그는 친구들에게 줄 스테인드글라스 제품을 몇 개 산 뒤 계산대에 20달러짜리 지폐를 올려놓고는 말했다.

"이건 당신에게 주는 겁니다!"

점원이 깜짝 놀랐다. 당연한 반응이었다. 박사가 덧붙였다.

"그냥 돈일 뿐이에요!"

같은 날 어떤 식당에서 내가 여종업원에게 큰 액수의 팁을 주자 여종업원은 나를 빤히 보다가 입을 열었다.

"이건 받을 수 없습니다."

그녀가 말했다.

"아니요, 받아도 됩니다."

내가 되받았다.

그리고 그날 대박을 낼 만한 기막힌 상품 아이디어가 내게 떠올랐을 때, 휴렌 박사가 이렇게 말했다.

"당신이 자비를 베푼 데 대해 우주가 보답을 하는군요. 준 만큼 되돌아오는 거지요. 우주가 영감으로 보답을 한 거예요. 베풀지 않았다면 받지도 못했을 겁니다."

그렇다! 이것이 진정한 돈의 비밀이었다.

"미국인들이 잊고 있는 게 있어요. 우리 돈에 적혀 있는 말, '우리는 하느님을 믿는다 In God We Trust.' 우리는 돈에 이 말을 넣어두고도 정작 믿지를 않아요."

휴렌 박사는 의사, 식품영양학자와 내가 공동으로 세운 건강식품 회사 얘기를 꺼냈다. '카디오 시크릿'이라는 저콜레스테롤 자연 식품을 표방한 회사였다. 예전에 내가 그 회사의 상품 이름과 회사 이름에 대해서 그와 의논한 적이 있었기 때문에 박사는 그 회사의 근황이 궁금한 모양이었다.

"현재는 보류 중입니다. 홈페이지와 포장 등을 점검하기 위해 식품의약청^{FDA} 전문 변호사를 고용했습니다. 그가 작업을 끝낼 때를 기다리고 있어요. 그런데 이 상품을 진행하다가 더 흥미로운 상품 아이디어가 떠올랐어요. 일단 '피타리타'라고 이름을 붙였죠."

피타리타는 일종의 마가리타 혼합 음료인데, 친구들과 술을 마시다가 불쑥 떠오른 아이디어가 계기가 되었다. 당시 나는 보디빌딩 시합에 참가 준비 중이었기 때문에 여간해서는 마가리타를 마실 일이 없었다. 한데 그날따라 마가리타를 마시다가 내 입에서 이런 말이 튀어나왔다.

"보디빌더들이 마시는 마가리타가 있어야겠어."

나도 모르게 내뱉은 말이 아이디어가 된 것이다.

"잘됐군요, 죠셉. 상품에 집착하지 않고 당신 뜻대로 하려고 고집을 부리지 않았기 때문에 신성이 당신에게 새롭게 돈을 벌 수 있는 아이디어를 준 겁니다. 너무 많은 사람들이 한 가지 생각을 고집하느라 그것을 자신의 기대에 끼워 맞추려고 합니다. 정작 그런 행동이 그토록 원하는 부를 밀어내고 있는데도 말이죠. 잘됐어요, 죠셉. 정말 잘됐어요."

그의 말이 전적으로 옳다! 신성으로부터 오는 아이디어에 마음을 열어 놓는 한 아이디어는 계속 쏟아진다. 피타리타 상품 외에 나는 '청정 매트'에 대한 아이디어도 얻었다. 하지만 나는 거기서 멈추지 않았다. 그때 휴렌 박사도 아이디어를 하나 얻었다며 나에게 제안을 해 주었다. 아이디어나 돈은 얼마든지 얻을 수가 있다. 그러려면 '필요^{need}'를 내보내고 아이디어나 돈이 자신에게로 오도록 길을 터야 한다. 그 열쇠는 언제나 그렇듯이 계속 정화하고, 정화하고 또 정화하는 것이다.

"심리치료사들이 환자들을 치료할 때 무엇을 해야 합니까?"

사람들을 치유하는 특별한 비결이 있는지 궁금해서 내가 물었다.

"그냥 그들을 사랑하는 거죠."

휴렌 박사가 대답했다.

"하지만 어떤 면에서 상처를 입고 당신을 찾아왔는데 그걸 극복하지 못하면 어떡하죠?"

"사랑받고 싶은 마음은 누구나 다 똑같지요. 당신이 그 사람을 사랑하는 한, 어떤 말을 하든 어떤 행동을 하든 상관없어요."

"그럼 내가 융 학파든, 프로이트 학파든, 라이히 학파든 상관없다는 말씀이세요?"

"상관없어요."

그가 힘주어 말했다.

"중요한 것은 당신이 그 사람을 사랑한다는 데 있어요. 그가 당신의 일부이기 때문에, 그리고 당신이 그를 사랑함으로써 그의 삶 속에서 움직이고 있는 프로그램을 정화하도록 돕기 때문에 사랑이 중요한 겁니다."

그의 대답에 완전히 수긍하지는 않았지만 핵심은 이해할 것 같았다.

"의학적으로 판명된 정신병자는요?"

"한번은 정신분열증으로 진단 받은 어떤 여성이 나를 찾아왔어요. 그녀에게 살아온 이야기를 해 달라고 했죠. 그녀든, 누구든, 내게 무슨 말을 하든, 그건 별로 중요한 문제가 아니라는 걸 당신이 이해해 주길 바랍니다. 사람들이 하는 이야기는 사건에 대해서 그들의 의식이 풀이한 해석에 지나지 않아요. 실제 일어난 일은 그들의 의식 밖에 있지요. 그러니 이야기를 듣는 것에서부터 출발해야 해요."

"그 여자가 뭐라고 했나요?"

"그 여자는 내게 자신의 이야기를 했고 나는 듣기만 했어요. 계속 마음속으로 신성을 향해 '사랑합니다'를 외우면서 말이죠. 정화되어야 할 게 있다면 그걸 정화해 주리라 믿었지요. 어느 순간 그녀가 내게 자신의 진짜 이름을 말하더군요. 하이폰이 들어간 이름이었지요."

"이를테면 비테일-오덴이라든가, 뭐 그런 식 말인가요?"

"맞아요. 그게 문제였어요. 그렇게 조각난 이름을 가진 사람은 인격이 분리되는 경우가 있어요. 출생 시 얻은 이름을 간직하려다가 그렇게 된 거죠."

"법적으로 이름을 바꾸라고 권유하셨나요?"

"그렇게까지 할 필요도 없었죠. 그녀의 이름이 한 단어라고 말해 주자 그녀는 금세 마음이 편해졌고 일체감을 회복할 수 있었어요."

"그녀에게 변화를 일으킨 원인이 이름을 바꾼 것 때문인가요, 아니면 당신이 '사랑합니다'라고 말한 덕뿐인가요?"

"누가 그 답을 알겠어요?"

"저는 꼭 알고 싶습니다."

내가 말했다.

"인터넷에서 기적의 코칭 프로그램을 시작했어요. 내 코치들이 올바른 말과 행동으로 사람들에게 진짜 도움이 되기를 바라는 마음이 간절합니다."

그는 심리치료사들이 남을 돕거나 구한다는 생각에 빠지기 쉽다고 말했다. 하지만 실제로 그들의 일은 환자들에게서 그들이 보는, 그들 자신의 프로그램을 치유하는 것이다. 그 기억들이 심리치료사의 마음속에서 사라질 때 비로소 환자들에게서도 떠나간다.

"당신의 코치들이 상대를 사랑하는 마음만 유지한다면 어떤 말이나 행동을 해도 상관없습니다."

그는 거듭해서 설명했다.

"명심하세요. 당신은 당신이 대하는 그 사람을 비추는 거울이라는 걸요. 당신은 그들의 경험을 공유하는 겁니다. 공유한 경험을 정화하면 둘 다 치유가 되지요."

"하지만 어떻게요?"

"사랑으로."

나는 비로소 감을 잡기 시작했다.

나는 어릴 적 동화책이나 『수퍼맨』, 『플래쉬맨』 같은 만화책을 읽을 나이가 되면서부터 세상의 이치를 탐구해 왔다. 『수퍼맨』과 『플래쉬맨』은 이해하기도 쉬웠다. 지금 나는 정신적인 만행뿐만 아니라 과학과 종교, 심리학과 철학까지 다루어야 하는 처지가 되었다.

이제 좀 알겠다 싶으면 어김없이 새로운 책이 나타나 그동안 쌓아온 세계관을 뒤흔들어 놓기 일쑤다. 최근에는 발세카르Ramesh S. Balsekar의 『의식은 말한다Consciousness Speaks』를 읽기 시작하면서부터 머리가 아파오기 시작했다.

발세카르의 책을 읽고 혼란을 겪고 있는 한 사람으로서 그 주제를 간단히 요약해 보자면, 우리의 행동은 자유의지로부터 나오지 않는다. 오히려 자유의지는 '저절로' 일어난다. 내 의지, 내 의식대로 행동한다는 생각은 사실 착각일 뿐이며 실제로는 에고의 말을 따른다는 것이다. 어떤 측면에서 보면 우리는 내면의 에너지에 줄이 달린 신성의 꼭두각시일지도 모른다.

이제 이 점을 생각해 보자.

내 책 『돈을 유혹하라』에서는 우리가 바라는 대로 소유하고 행동하고 원하는 사람이 되기 위한 다섯 단계를 설명한다. 실제로 나를 비롯해 여러 사람들이 이 방법을 써서 재산과 차, 배우자, 건강, 직업까지 뭐든 원하는 것을 끌어당겼다. 자신의 의지를 선포하고 눈앞에 나타난 것이나 마음속에서 떠오른 것을 현실화한다는 게 골자다. 한마디로 우리 자신이 꼭두각시를 움직이는 손이고 세상은 우리의 꼭두각시라는 뜻이다.

그렇다면 명백히 모순되는 이 두 가지 이론을 헷갈리지 않도록 어떻게 조화시켜야 할까?

나는 이렇게 정리했다.

첫째, 우리는 믿음이 지배하는 세상에 살고 있다. 무엇을 믿든 그 믿음은 힘을 발휘한다. 어찌 됐든 사람들은 그 믿음으로 하루를 그럭저럭 버텨나가고 있지 않은가. 믿음은 우리의 경험들을 지각^{知覺}이라는 틀에 넣어 질서를 부여한다. 그렇게 우리는 자신의 세계관 혹은 믿음 체계에 맞지 않는 것과 직면했을 때 그것을 합리화하고 각자의 틀에 맞춰 재구성한다.

둘째, 나는 두 이론이 모두 맞다고 생각한다. 우리는 꼭두각시이면서 꼭두각시 조종자이기도 하다. 하지만 이것은 우리가 우리만의 방식에서 빠져나왔을 때만 효과가 있다. 우리를 과음과 과식, 환락, 도둑질로 몰고 가는 것은 바로 우리의 마음이다. 심지어 세상이 돌아가는 이치에 지나치게 몰두하게 만드는 것도 마음이다. 바로 우리의 마음이 자연스러운 흐름을 중간에서 막는 것이다. 우리의 마음은 자신이 시한부라는 점을 잘 알기 때문에 그런 생각을 하는 것조차 견딜 수 없다. 그래서 달콤한 중독의 늪을 만들어 생존하려고 한다. 현실적으로—현실이 무엇이든 간에—지금 이 순간의 축복을 방해하는 걸림돌은 우리의 마음이다.

투명해지기 위한 모든 기법들은 신성의 계획을 방해하는 걸림돌을 제거하는 데 도움이 된다.

예를 들어 감정 해방 요법 같은 방법을 써서 골칫거리들을 없애 버릴 수 있다.

그렇다면 그 다음은 어떻게 해야 될까? 긍정적인 행동을 취해야 한다. 어쨌든 당신은 긍정적인 자세를 유지했다. 처음에 어떤 문제가 있다는 것을 알았기 때문이다.

달리 말하면 행동을 취하라는 자극은 신성이 우리에게 보낸 것이며, 행동하는 데 대한 두려움이 바로 걸림돌이다. 그 걸림돌을 치우고 신성과 하나가 되는 상태로 돌아가 꼭두각시이자 동시에 꼭두각시 조종자가 되어야 한다.

내가 현재까지 이치에 맞는다고 수긍한 내용을 간추려 보면 다음과 같다.

우리는 각자 재능을 갖고 이 세상에 왔다. 그 재능은 금방 드러날 수도 있지만 그렇지 않을 수도 있으며 심지어 까맣게 모르고 있을 수도 있다. 하지만 때가 되면 자신의 내부에서 꿈틀거리는 그 재능을 감지하게 된다. 이때 그것을 판단하려고 우리의 마음이 나선다. 마음에서 나쁘다는 판단이 들면 심리치료사를 찾든, 마약 같은 각종 중독성 행동에 의지해서 그것을 처리하든 숨기거나 해결하거나 방치하거나 수용하게 된다. 하지만 재능을 발휘하지 못하게 방해하는 걸림돌을 제거하고 나면 우리는 신성의 꼭두각시이자 우리 인생의 조종사가 될 수 있다.

우리의 선택은 그 흐름에 따르느냐 마느냐이다. 이것이 바로 자유의지다. 진정한 결단은 충동에 따라 행동하느냐 아니냐를 선택하는 것이기 때문에 혹자는 '자유 거부 의지'라고 부르기도 한다.

위대한 흥행사이자 사업가였던 바넘P.T.Barnum은 이 점을 잘 알고 있었다. 그는 행동을 취했다. 대규모로 사업을 진행하면서도 그는 언제나 상위의 명령을 따랐다. 바넘의 무덤 비문에는 이렇게 새겨져 있다.

"제 뜻대로 마시고 아버지 뜻대로 하소서"(성경 누가복음 22장 42절—옮긴이)

그는 마음의 방해 없이 아이디어를 실행에 옮겼다. 그리고 결과를 있는 그대로 수용하며, 모든 것이 우주의 큰 그림 안에서 벌어지는 일부라고 믿었다. 행동을 취하면서 동시에 내맡길 줄도 알았다.

"누구나 재능이 있어요."

언젠가 산책 길에서 휴렌 박사가 말했다.

"타이거 우즈도요?"

"그는 신성이 벌이는 게임판에서 자신의 역할을 잘 해내고 있어요."

"그가 다른 사람들에게 골프를 가르치면 어떨까요?"

"절대 잘하지 못할 겁니다. 그의 역할은 골프를 치는 것이지, 가르치는 게 아니거든요. 그건 다른 사람의 몫이에요. 우리에게는 각자 맡은 역할이 있어요."

"수위도요?"

"그럼요! 자기 일을 좋아하는 수위와 청소부들이 있지요. 그들의 역할을 맡은 당신의 모습을 상상하기 때문에 거부감이 드는 겁니다. 거꾸로 그들 역시 당신의 역할을 해내지 못해요."

갑자기 예전의 자기계발 과정에서 들었던 한 구절이 생각났다.

"만약 신이 무엇을 하라고 하면 그걸 하고 행복해지세요. 당신이 하고 있는 일이 신이 당신께 바라는 일입니다."

자신의 역할을 거부하지 않는 것이 중요하다. 나는 미셸 말론 같은 작곡가나 제임스 칸 같은 배우 혹은 잭 런던 같은 작가를 꿈꿀 수도 있다. 정말 훌륭한 작곡가나 배우, 보디빌더, 소설가가 될 수도 있겠지만 내 천직은 영감을 주는 일이다. 내가 글을 쓰는 이유는 사람들을 깨우기 위해, 더 정확히 말하자면 '나'를 깨우기 위해서다.

내가 나를 깨울 때 다른 사람 역시 깨울 수 있다.

Zerolimits

시가, 햄버거, 그리고 신성 죽이기

정화는 영혼의 빚을 청산해 줍니다.
— 이하레아카라 휴렌

어느 월요일 저녁 무렵, 휴렌 박사가 식사를 하러 가자고 했다. 내가 사는 작은 마을의 사람들은 관광객을 상대로 분주한 주말을 보낸 뒤, 월요일에는 휴식을 위해 곧잘 문을 닫는다. 그래서 문을 연 가게 중에 생각나는 곳이 '버거 반'이라고 불리는 햄버거 가게 딱 한 군데밖에 없었다. 나는 휴렌 박사가 패스트푸드를 싫어할 것 같아서 그곳에 가자고 말하기가 망설여졌다. 나 역시 생활 패턴이 바뀌어 새로운 식습관을 들인 터라 패스트푸드 음식점이라면 근처에도 가지 않던 참이었다. 하지만 달리 방법이 없어 휴렌 박사에게 그곳 얘기를 꺼냈다.

"햄버거 좋지요!"

그가 신이 나서 말했다.

"정말요?"

내가 물었다.

"오, 그럼요! 햄버거가 얼마나 맛있는데요!"

우리는 주차를 한 뒤 식당에 들어가 자리를 잡았다. 메뉴를 보니 소위 건강을 위한 음식이라고 할 만한 것들은 별로 없었다.

"흰 빵에 고기 두 조각, 치즈 두 조각 넣어 주세요."

휴렌 박사가 주문했다.

나는 깜짝 놀랐다. 내 상식으로 그의 주문은 심장병을 부르는 메뉴에 가까웠다. 그러면서도 나는 '이 주술사가 괜찮다면 나도 괜찮겠지' 하는 마음으로 덩달아 주문을 해 버렸다. 그러고는 휴렌에게 물었다.

"치즈랑 고기, 빵 같은 것들이 꺼림칙하지 않으세요?"

"전혀요. 나는 매일 아침 칠리 도그를 먹습니다. 맛이 그만이거든요."

"그래요?"

"위험한 건 음식이 아니에요. 음식을 위험하다고 생각하는 것 자체가 위험한 겁니다."

전에 그런 말을 들은 적이 있지만 그냥 흘려들었었다. 물질이 정신을 입도한 것이라고 받아들였을 뿐이었다.

휴렌 박사는 설명을 계속했다.

"나는 언제나 먹기 전에 마음속으로 음식에게 말을 겁니다. '사랑해! 사랑해! 내가 너를 먹고 혹시 배가 아프게 되더라도 그건 너 때문이 아니야! 나 때문도 아니야! 내가 기꺼이 책임을 지도록 나를 부추긴 그것 때문이지!' 그런 다음 음식을 맛있게 먹죠. 음식이 깨끗해졌으니까요."

다시 한 번 그의 통찰력에 정신이 번쩍 들었다. 그동안 나는 건강 관련 기사와 위험한 음식을 경고하는 글들을 필요 이상으로 탐독하며 햄버거조차 즐기지 못하는 지경이 되어 있었다. 나는 그런 기억들을 깨끗이 지워 버리기로 했다. 음식이 나왔을 때 우리는 그것을 맛있게 먹어 치웠다.

"이렇게 맛있는 햄버거는 처음입니다."

그는 너무나 흡족해 하면서 주방으로 가서 요리사에게 고맙다는 말까지 했다. 기름에 듬뿍 튀겨낸 햄버거가 고맙다고 한 사람은 처음이었던 모양인지 요리사는 할 말을 잃은 표정으로 휴렌 박사를 바라볼 뿐이었다. 할 말을 잃은 것은 나 역시 마찬가지였다.

휴렌 박사에게 마을을 구경시켜 주다가 내가 다니는 헬스클럽에 가게 되었을 때 나는 숨을 죽였다. 헬스클럽에 시가들을 보관해 두고 있었기 때문이다. 아침에 운동을 하고 저녁에 담배를 피우는 게 모순으로 보일 수도 있을 것이다. 나는 휴렌 박사가 내가 담배를 피우는 것에 대해 뭐라고 할지 신경이 쓰였다.

나는 그에게 내가 사용하는 다양한 운동 기구들과 벽에 걸린 유명한 보디빌더들의 사진, 보디빌딩 시합의 참가 증명서 등을 보여 주면서 의자 위에 놓인 시가로부터 그의 시선을 돌리려고 애를 썼다. 하지만 결국 그는 그것을 보고야 말았다.

"이건 뭐죠?"

"시가입니다."

내가 한숨을 쉬며 말했다.

"운동을 하면서 담배를 피우세요?"

"그건 아닙니다. 하지만 저녁에 피워요. 명상 시간에요. 테라스에 앉아서 시가를 피우면서 내 인생에 고마움을 느끼죠."

그는 잠시 아무 말도 하지 않았다. 나는 흡연이 왜 해로운지 온갖 통계 수치들을 동원한 설교가 쏟아질 것을 각오했다. 마침내 그가 입을 열었다.

"아름답군요."

"뭐라고요?"

내가 물었다.

"파노즈 자동차 옆에서 시가를 피우세요."

"무슨 뜻입니까? 손에 시가를 들고 프란신 앞에서 사진을 찍

으란 말씀이세요?"

"그래도 좋겠죠. 하지만 난 당신이 차를 닦거나 먼지를 털어낼 때 시가를 피우면 좋겠다고 생각했어요."

"나는 박사님께서 내가 담배 피우는 걸 비웃으실 줄 알았어요."

내가 마침내 속마음을 털어놨다.

"어떤 사람은 내가 내 블로그에 시가에 대해 언급한 걸 보고는 내가 독극물을 들이마시면서 내 몸을 망치고 있다는 편지를 보내기도 했어요."

"그 사람은 평화의 파이프를 나누어 피우는 아메리카 인디언의 관습을 전혀 모르는 모양이군요. 여러 부족이 담배로 나눔의 축제를 벌이죠. 결속과 연대, 가족이 되는 한 가지 수단이기도 하고요."

휴렌 박사에게 중요한 것은 모든 것에 대한 사랑이라는 것을 다시 한 번 느꼈다. 사랑을 주면 변화가 일어난다. 흡연이 나쁘다고 생각할 때 흡연은 나쁘다. 햄버거 역시 나쁘다고 생각할 때 나쁘다. 고대 하와이 문화권에서 모든 것이 그랬던 것처럼 모든 것은 생각에서부터 시작되며 가장 위대한 치유자는 사랑이다.

마침내 나는 그를 이해하기 시작했다. 한계가 없는 상태, 사랑에 도달하는 것이 얼마나 중요한 일인지를. 하지만 모든 사람이 나와 생각이 같은 것은 아니었다.

　어느 날 밤, 나는 원격 세미나에서 휴렌 박사와의 경험담을 사람들에게 들려 주었다. 이 책에 이미 소개된 내용이 주된 얘깃거리였다. 사람들은 주의 깊게 듣다가 질문을 던지곤 했는데 내가 설명하는 바를 이해하는 것처럼 보였다. 하지만 놀랍게도 통화가 끝날 무렵이 되자 그들은 다시 본래의 고정관념으로 되돌아가기 시작했다. 우리의 삶에 대해 자신이 전적으로 책임을 져야 한다는 데 동감하면서도 또다시 남을 들먹였고, 휴렌 박사가 내게 가르쳐 준 정화법이 강한 힘을 지녔다고 인정하면서도 또다시 예전의 습관으로 돌아갔다.

　어떤 사람이 말했다.

　"나는 '내가 미안하다'라고 말하기 싫습니다. '내가'라는 말 뒤에 오는 말이 미래의 나이기 때문이에요."

　나는 그것 자체가 하나의 믿음이라는 걸 알고 있었기 때문에 정화를 하라고 말하고 싶었지만 그냥 이렇게 말했다.

　"휴렌 박사님은 무엇이든 자기 자신을 먼저 돌아보라고 말씀하십니다."

　처음에는 이런 상황에서 좌절감을 먼저 느꼈지만 나중에는 그 마음 역시 정화해야 한다는 걸 깨달았다. 결국 내가 경험하는 모든 일에 대해 백 퍼센트 내가 책임진다는 것은 내가 그것들을 경험하고 있다는 것이다. 그리고 '사랑합니다'가 유일한 정화 도구라면 나는 다른 사람들에게서 본 것을 정화할 필요가 있다. 다른 사람들에게서 본 것이 내 안에 있기 때문이다. 이것이 호오포노포노 중에서 가장 이해하기 어려운 부분일지도 모른다. 외부에 존재하는 것은 없다. 모두 내 안에 있다. 우리가 무엇을 경험하든 그 경험은 우리 내면에서 일어난다.

어떤 사람이 이 문제를 놓고 내게 반론을 펼쳤다.

"5천만 명의 사람들이 내가 싫어하는 사람을 대통령으로 뽑았다면요? 나는 그들의 행동과는 아무런 상관이 없어요!"

"그 5천만 명의 사람들을 어디서 경험하셨나요?"

내가 물었다.

"그들을 경험하다니, 무슨 뜻입니까? 나는 그들에 대한 기사를 읽었고 텔레비전 보도를 통해 봤습니다. 그들이 그를 대통령으로 뽑은 건 사실입니다."

"그 모든 정보를 어디서 경험하셨지요?"

"내 머릿속에서, 뉴스로요."

"당신 내면에서요, 그렇죠?"

내가 물었다.

"그 정보는 내 내부에서 처리됐겠죠. 맞아요. 하지만 그들은 나의 바깥에 있지 않습니까. 내 안에 5천만 명의 사람들이 있지는 않아요."

"사실은, 있습니다. 당신은 그들을 당신 내면에서 경험하고 있어요. 따라서 당신이 스스로의 내면을 들여다보지 않는 한 그들은 존재하지 않아요."

"하지만 내게는 눈이 있고 나는 그들을 볼 수 있습니다."

"당신 내면에서 그들을 보는 겁니다. 모든 것들이 당신 내면에서 처리됩니다. 당신이 그걸 처리하지 않는다면 그건 존재하지 않지요."

"숲에서 나무 한 그루가 쓰러졌는데 그곳에 아무도 없었다면 소리가 날까 안 날까, 뭐 이런 얘기입니까?"

"맞습니다."

"말도 안 되는 소리."

"맞습니다. 하지만 그것이 고향으로 가는 길이죠. 한 가지 묻겠습니다. 지금부터 30초 후 당신의 머릿속에 어떤 생각이 들지 말씀해 보세요."

그는 말이 없었다.

"아무도 다음 순간에 떠오를 생각을 예측할 수는 없었습니다. 생각은 떠오르고 나서야 표현할 수 있지요. 하지만 그 생각은 무의식에서 떠오릅니다. 그걸 통제할 수는 없어요. 우리가 가진 유일한 신택권은 생각이 나타나면 그걸 행동에 옮기느냐 마느냐

하는 것뿐입니다."

"무슨 소린지 잘 모르겠군요."

"일단 생각이 떠오르고 난 후에는 여러 가지 일들을 할 수 있지만 그 생각은 무의식에서 생겨난다는 얘기입니다. 무의식을 깨끗이 정화하고 좋은 생각들을 얻기 위해서 뭔가 다른 일을 하셔야 합니다."

"예를 들면요?"

"그것에 대해서 지금 책을 쓰고 있습니다."

나는 지금 독자 여러분이 읽고 있는 이 책을 떠올리며 대답했다.

"그게 저기 밖의 5천만 명과 대체 무슨 관련이 있다는 거요?"

"그들은 외부가 아닌 당신의 생각 안에 있어요. 모든 것이 당신 안에 있습니다. 우리가 할 수 있는 일은 마음속에 있는 프로그램들과 기억들의 저장고를 비우기 위해 정화하는 것입니다. 정화를 하면 할수록 좀 더 긍정적이고 생산적인 생각들과 사랑스러운 생각들이 떠오를 겁니다."

"글쎄요, 저에겐 여전히 허무맹랑한 소리로 들릴 뿐입니다."

"그렇다면 제가 정화해 보겠습니다."

그는 내 말을 거의 알아듣지 못했지만 내가 제로 상태로 가기 위해서는 우선 그가 이해하지 못한 데 대한 전적인 책임을 내가 져야 한다. 그의 기억은 나의 기억이기도 하며, 그의 프로그램은 나의 프로그램이다. 그가 내게 목소리를 높였다는 것은 내가 그 것을 그와 공유하고 있다는 것을 뜻한다. 따라서 내가 그것을 깨 끗이 정화하면 그 역시 그렇게 될 것이다. 나는 지금 이 글을 쓰 면서 '사랑합니다'라고 말하고 있다. 내 생각 속에서, 글자들 뒤 에서, 타이핑 뒤에서, 컴퓨터 뒤에서, 보이지 않는 곳에서, 일하 면서, 글을 쓰면서, 책을 읽으면서, 놀면서, 말을 하면서, 생각을 하면서 내가 외우는 '사랑합니다'는 나와 제로 사이에 존재한 모 든 것을 닦아 내고 지우고 비워 내는 멈추지 않는 노력이다.

사랑이 느껴지는가?

어느 날 아침, 휴렌 박사는 네잎클로버가 들어간 로고를 보았 다면서 이렇게 말했다.

"네 번째 잎은 황금색인데 혀처럼 생겼지요."

그는 그 모양을 몇 분에 걸쳐 설명했다. 그가 무얼 보고 그런 걸 연상했는지 알 수 없었다.

"그 로고를 스케치 할 아티스트를 찾아 보세요."

그가 말했다.

우리는 시내로 산보를 나갔다가 점심을 먹은 뒤 상점 몇 군데 를 들렀다. 첫 번째 상점에 스테인드글라스 공예품들이 있었는 데, 우리들은 그 가게 물건에 홀딱 반해 버렸다. 우리가 가게 주인의 수공예품에 넋이 빠져 칭찬을 늘어놓고 있을 때 여주인이 말했다.

"로고나 스케치가 필요하시면 우리가 그려 드릴 수 있어요."

휴렌 박사가 빙그레 웃으며 내 쪽을 향해 고개를 기울였고 나 역시 방긋 웃으며 그 쪽으로 고개를 기울였다. 제로 상태에서 동시에 터져 나온 똑같은 행동이었다.

나는 이 장을 쓰고 있을 무렵 어떤 영화에 삽입될 인터뷰 촬영 때문에 글쓰기를 잠시 접어야 했다. 그 영화는 〈시크릿〉과 비슷하면서 정신 건강에 초점을 맞춘 영화였다.

나는 "생각은 생각이 없는 것만큼이나 중요하지 않다"는 말로 인터뷰를 시작해 한계가 없는 상태, 우리가 우리 자신을 치유하는 것이 아니라 신성이 우리를 치유하도록 허락하는 상태에 대해 설명하려고 애썼다. 그런데 한편으로 어째서 내가 이런 말들을 하고 있는지 확신이 서지 않았다. 내 안의 일부분이 내 정신 상태의 온전함에 대해 의문을 제기했기 때문이다. 하지만 나는 흐름을 따라갔다.

카메라가 꺼진 후 촬영을 쭉 지켜보던 여성은 자신도 제로 상태로 들어감으로써 사람들을 치유한다고 털어놨다. 원래 내과 의사였다는 그녀는 지금은 아픈 동물들을 마주한 채 생각이 없는 제로 상태로 들어가서 그 동물들을 치유한다며 백내장이 걸린 개들의 사진을 보여 주었다. 그리고 그 개들이 완전히 나은 후의 모습도 보여 주었다.

다시 한 번 신성은 모든 힘이 우리가 아니라 신성 자신에게 있음을 증명하고 있었다. 방금 정화 작업을 한 나는 그 목소리를 들을 수 있다. 그러니 복종할 밖에.

전날 밤 나는 베스트셀러 작가이자 자기계발 분야의 지도자인 한 사람과 한 시간 반가량 통화를 하게 됐다. 오래전부터 그의 팬이었던 나는 그가 쓴 책들을 모조리 읽었을 뿐 아니라 책을 통해 그가 전하는 메시지는 무척 신봉해 왔었다. 그런데 그로부터 충격적인 이야기를 들었다.

이 자기계발 전문가는 지난 몇 년 동안 겪은 자신의 끔찍한 경험에 대해 차근차근 이야기했다. 내용인즉슨, 자신이 사랑하는 사람이 지금껏 자신을 속이고 학대했다는 이야기였다. '자신의 인생을 스스로 책임지라'는 메시지를 설파한 사람의 입에서 스스로가 희생자였다는 얘기가 나오다니, 정말로 의외였다.

거의 모든 사람들이, 심지어는 남들에게 어떻게 살아야 하는지를 가르치는 자기계발 전문가들도 자신의 행동에 대해 실마리를 잡지 못한다는 사실이 점점 분명해지기 시작했다. 그들은 여전히 퍼즐 조각을 찾지 못하고 있는 것이다. 그러다가 과거에 통했던 것이 미래에서도 항상 통하고, 모든 사람에게서도 통할 것이라는 생각에 이르기도 하지만, 인생은 그렇지 않다. 사람들은 모두 제각각 다르며 삶 역시 항상 변화하고 있다. 어렴풋이 이제 좀 인생을 알 것 같다 싶으면 어김없이 새로운 쓰라림이 나타나고, 또 한번의 감당할 수 없는 인생의 무게를 절감하고 만다. 이럴 때 휴렌 박사의 치유법은 '놓아주라'고 말한다. 신성의 목소리 사이로 잡음처럼 떠오르는 모든 생각들과 경험들을 끊임없이 정화하면서 신성을 믿으라고 말이다. 우리는 지속적인 정화 작업을 통해 프로그램이라는 잡초를 뽑아 낼 수 있고 삶을 쉽고 우아하게 꾸려 나갈 수 있다.

험난한 인생의 여정을 살아왔다는 자기계발 전문가의 사연을 들으면서 나는 신성을 향해 '사랑합니다'를 조용히 마음속으로 계속 속삭였다. 통화를 끝낼 때쯤 그는 한결 마음이 가볍고 행복해진 듯 보였다.

휴렌 박사는 나와 다른 모든 사람들에게 끊임없이 강조했다.
"신성은 관리인이 아닙니다. 뭔가를 달라고 요구하지 마세요. 그냥 정화하세요."

나는 휴렌 박사와 함께 있는 시간이 즐거웠다. 그는 내가 어떤 질문을 해도 개의치 않았다. 어느 날 나는 그에게 한 차원 높은 정화법이 있느냐고 물었다. 어쨌든 그는 25년 동안 호오포노포노를 실천한 사람 아니던가. 분명 '사랑해'라고 말하는 정화 방법 외에 다른 비법을 만들었거나 전수받았으리라는 생각이 들었다.

"요즘에는 정화 작업을 어떻게 하십니까?"

내가 물었다.

그가 싱긋 웃으면서 대답했다.

"신성을 죽이지요."

나는 입이 떡 벌어졌다.

"신성을 죽여요?"

"영감 역시 제로 상태로부터 한 발짝 떨어져 있지요. 고향으로 돌아가기 위해서는 신성을 죽여야 한다고 들었습니다."

그가 설명했다.

"하지만 어떻게 신성을 죽이죠?"

"계속 정화하는 것입니다."

그가 말했다.

언제나, 언제나, 언제나, 얘기는 모든 상처를 치유한다는 한 가지 후렴구로 귀결되었다.

'사랑합니다, 미안합니다, 나를 용서하게요, 고맙습니다.'

2006년 말, 최면 마케팅과 도서 홍보 차원에서 이틀간의 강의 일정으로 폴란드 바르샤바를 방문한 적이 있었다. 나는 청중들에게 한계가 없는 제로 상태에 관한 이야기를 해 주기로 마음먹었다. 그곳 사람들은 개방적이고 애정이 넘쳤으며 배우려는 열의가 대단했다. 나는 그들에게 자기 인생에서 일어난 모든 일은 전적으로 자기 책임이며 '사랑합니다'라는 간단한 말로 모든 것을 치유할 수 있다고 말했다.

내 얘기는 통역사를 통해서 전달되었지만 사람들은 한 마디도 놓치지 않고 빨아들이는 듯했다. 그중 한 사람이 흥미로운 질문을 던졌다.

"여기 폴란드 사람들은 하루 종일 하느님께 기도하고 교회를 다니지만 전쟁은 여전히 계속되어 왔습니다. 히틀러는 이곳 도시에 폭탄을 투하했고 우리들은 오랫동안 계엄령 치하에서 고통받으며 살았어요. 어째서 기도를 해도 소용이 없는 걸까요? 이 하와이식 방법은 어떤 면에서 다른 겁니까?"

그 순간 휴렌 박사가 내 옆에서 나를 도와준다면 얼마나 좋을까 하는 아쉬움이 들었다. 나는 잠시 생각을 정리한 후 이렇게 대답했다.

"무엇을 말하느냐가 아니라 어떤 마음이냐에 따라 얻는 것이 달라집니다. 대부분의 사람들은 기도를 하면서도 그들이 응답을 받거나 도움을 받으리라고 믿지 않습니다. 그들은 절망이 가득한 상태에서 기도를 합니다. 그렇게 현재의 마음 상태가 비슷한 것들을 끌어당기기 때문에 더 큰 절망을 부르게 됩니다."

질문자는 내 대답을 이해하고 인정하는 것처럼 고개를 끄덕거렸다. 나는 미국으로 돌아오자마자 휴렌 박사에게 편지를 쓰면서 그였다면 어떻게 대답을 했을지 물어 보았다. 그는 다음과 같은 답장을 보냈다.

아오 아쿠아에게.

당신의 질문으로 내 마음 안에서 일어나는 것들을 정화할 기회를 주신데 대해 감사를 드립니다.

2년 전 스페인의 발렌시아에서 내 강의를 들었던 한 미국인이 생각납니다.

쉬는 시간에 그 여성이 내게 말하더군요.

"내 손자는 암에 걸려 쓰러졌지요. 나는 그 애를 위해 기도를 올렸어요. 손자를 살려 달라고 말이죠. 하지만 그 애는 죽어 버렸어요. 왜죠?"

그때 나는 이렇게 대답을 했습니다.

"기도의 대상이 잘못됐어요. 부인 자신을 위해 기도를 올리는 편이 더 좋았을 겁니다. 손자가 아프다는 경험을 하는 부인의 마음속에서 일어나는 것들에 대해 용서를 구하는 것이지요."

사람들은 자신이 경험하는 것들의 근원이 바로 자신임을 대개 인식하지 못합니다. 그렇기 때문에 기도자 자신의 내부에서 벌어지는 일들에 초점을 맞추고 기도를 하는 일이 거의 없습니다.

나의 평화

— 이하레아카라

여러 번 반복되는 말이지만, 결국 아무것도 우리 밖에 있지 않다는 것이 골자였다. 대부분의 사람들은 기도를 할 때 자신에게 어떤 힘도, 책임도 없다는 태도를 취한다. 하지만 호오포노포노에서는 우리 자신이 전적으로 책임을 져야 한다. 그리고 외부 상황을 유발한 자신 안의 것에 대해서 그것이 무엇이든 용서를 구하는 것을 '기도'라고 여긴다. 그럴 때 비로소 기도자는 신성과 재접속된다. 그리고 신성이 자신을 치유해 줄 것이라고 믿는 것이다. 내가 치유되면 외부 세계도 치유된다. 모든 것은 내 안에 있다. 여기에 예외는 없다.

미국의 저명한 정신과 의사 래리 도시Larry Dossey는 그의 책 『치유의 말들Healing Words』에서 이렇게 말한다.

"절대자와 연결되는 다리로서 기도의 기능이 마비된 적은 한 번도 없다. 기도는 언제나 백 퍼센트 효과를 발휘한다. 다만 우리 자신이 그것을 망각함으로써 기도가 실현되는 것을 막는다."

휴렌 박사와 함께 일하게 되면서 한 가지 마음에 걸리는 점이 생겼다. 나 자신이 계속 성장하고 통찰력이 늘어감에 따라 예전에 쓴 책들에서 오류를 발견한다는 것이었다. 나는 그릇된 내용으로 독자들을 오도할까 봐 걱정이 되었다. 예를 들어 『돈을 유혹하라』라는 책에서 나는 의지의 힘을 칭송했다. 하지만 그 책을 쓴 지 한참이 흐른 지금은 의지가 바보들의 놀이이며 에고의 장난감이라는 것을, 진정한 힘의 근원은 영감이라는 것을 확신하고 있다. 또한 행복의 열쇠는 인생을 통제하는 것이 아니라 인생과 화해하는 데 있다는 것도 알게 되었다. 나뿐만 아니라 상당히 많은 사람들이 세상을 조종하기 위해 시각화를 하고 확언을 한다. 하지만 그럴 필요가 없다는 것을 나는 이제 안다. 어떤 일이 닥치든 꾸준히 정화하면서 그 흐름을 따라가는 것이 더 좋다는 것을.

네빌 고다드Neville Goddard의 심정이 어땠을지 조금은 알 것 같다. 그는 내가 좋아하는 신비주의 작가 중 한 명인데, 『법칙과 언약The Law and the Promise』 같은 초기 작품들은 '감정을 사실로' 바꿈으로써 현실을 창조하는 내용을 다루고 있다. 그는 감정으로 세상에 영향력을 행사하는 능력을 '법칙'으로, 신의 뜻에 복종하는 것을 '언약'이라고 불렀다. 네빌은 이른바 '깨어난 상상력'으로 원하는 바를 성취하는 법을 사람들에게 가르치며 경력을 쌓기 시작했다. 네빌이 즐겨 인용한 '상상이 현실을 창조한다'라는 말에 그가 주장하는 핵심이 잘 드러나 있다. 그는 첫 번째 저서 『내 뜻대로 At Your Command』에서 세상은 정말 '내 뜻대로' 된다고 설명했다. 원하는 것을 신성이나 신에게 말하면 그대로 받는다는 것이다. 하지만 네빌은 말년에 더 큰 힘에 눈을 떴고, 1959년 이후 궤도를 수정해 "신성이 자신을 움직이는 대로 순응하고 따라가자."고 했다.

그런데 재미있는 것은 자동차 회사가 결함이 있는 자사의 차를 리콜하는 것과 달리 그는 초기 책들을 리콜하지 않았다는 점이다. 그가 자신의 초기 책들에게 실망했는지 아닌지 알 도리는 없지만, 아마 아닐 거라 짐작할 뿐이다. 그는 '법칙'이 인생의 굴곡을 넘어가는 사람들에게 도움이 된다는 생각에서 그냥 그것들을 세상에 남겨 두었다. 그런 네빌과 달리 나는 내 책들을 리콜하고 싶었다. 앞서 언급했듯 그것들이 사람들을 오도할 수 있다는 생각이 들었기 때문이다. 나는 휴렌 박사에게 "행여 내가 세상에 폐를 끼치는 것은 아닐까 걱정이 된다."고 털어놓았다. 그는 이렇게 대답했다.

"당신의 책들은 징검다리와 같습니다. 사람들은 각자 인생의 다양한 단계들을 밟고 있어요. 당신의 책들은 그들에게 그들의 현재 위치를 말해 주지요. 그들이 그 책을 성장의 도구로 사용할 때 다음 책으로 넘어갈 준비가 되는 겁니다. 책을 리콜할 필요는 전혀 없어요. 그 자체로 모두 완벽합니다."

내 책들과 네빌, 휴렌 박사, 그리고 과거와 현재와 미래의 모든 독자들에게 나는 말하고 싶다.

'미안합니다. 나를 용서하세요. 고맙습니다. 사랑합니다.'

정화. 정화. 정화.

이야기 뒤의 진실

당신의 잘못이 아니라 당신의 책임입니다.
―조 비테일

나는 휴렌 박사에게 아직 용건이 남아 있었다. 정신병원에서 그가 했던 작업의 비밀을 완전히 파헤치지 못했기 때문이다.

"환자들을 한 번도 진찰하지 않으셨나요? 정말 단 한 번도?"

어느 날 나는 다시 한 번 그에게 물었다.

"복도에서 마주친 적은 있지만 진찰실에서 그들을 환자로 진찰한 적은 한 번도 없어요. 언젠가는 환자 한 명이 '널 죽일 수도 있다'고 으르렁대기에 '당신이라면 좋은 일 역시 잘 해낼 수 있을 겁니다'라고 대답해 줬지요."

휴렌 박사는 계속해서 말했다.

"내가 처음 정신 질환 범죄자들이 있는 주립 정신병원에서 일을 시작했을 때 환자들 간의 폭력 사건이 매일 서너 번은 일어났습니다. 아마 그 당시 환자 수는 서른 명쯤 되었을 겁니다. 환자들은 수갑이나 족쇄를 찬 채 독방이나 격리 병동에 수감되었죠. 의사들과 간호사들은 복도를 지나갈 때 뒤에서 공격을 당할까 두려워 벽에 등을 붙인 채 걸어 다니곤 했어요. 하지만 내가 정화 작업을 실행한 지 몇 달 만에 상황이 역전됐습니다. 수갑도 족쇄도 격리 수감도 모두 사라졌고, 사람들은 퇴원을 하거나 일을 하거나 운동을 했죠.

나는 나 자신이 밖에서 그런 문제들을 일으킨 데 대한 전적인 책임을 지기로 했지요. 그러려면 내가 갖고 있는 유독한 생각들을 깨끗이 닦아 내고 그 자리를 사랑으로 채워야 했습니다. 환자들에게는 아무런 문제가 없었어요. 오류들은 내 안에 있었으니까요."

휴렌 박사는 환자들뿐 아니라 병동 전체에서도 사랑이 느껴지지 않았다고 했다. 그래서 모든 것들에 사랑을 주기로 했다고 덧붙였다.

"벽을 보니 페인트칠을 해야 했어요. 하지만 새로 칠한 페인트가 온전히 남아 있는 곳이 없었죠. 칠하자마자 금방 벗겨져 버렸으니까요. 그래서 나는 벽에게 사랑한다고 말했죠. 그런데 어느 날 누군가 벽에 페인트칠을 한 뒤로 페인트가 벽에서 벗겨지지를 않더군요."

아무래도 좀 괴상한 얘기였지만 이미 그에게 괴상한 얘기를 듣는 데 이력이 난 나였다. 마침내 나는 그동안 궁금했던 질문을 던졌다.

"환자들이 모두 퇴원했나요?"

"두 사람만 빼고요. 그들은 다른 곳으로 이송됐어요. 이송되지 않았다면 병동 전체가 완전히 치료됐을 겁니다. 그 당시 일어난 일에 대해 알고 싶다면 오마카 오 카라 하마구치에게 편지를 보내 물어 보세요. 그녀는 나와 함께 그곳에서 사회복지사로 일한 사람입니다."

나는 그녀에게 편지를 보냈고 얼마 후 다음과 같은 답장을 받았다.

조에게.

저는 하와이의 주립 정신 병원에 새롭게 문을 연 법의학 병동에 파견되었습니다. 특별 보안 폐쇄 병동 $^{\text{CISU: Closed Intensive Security Unit}}$으로 불리는 이 병동은 살인, 강간, 폭행, 강도, 학대 등 중범죄를 저지른 흉악범들 가운데 정신 질환으로 판명되었거나 의심되는 사람들이 수감된 곳이었습니다.

환자들은 대부분 정신장애에 의한 형사 면책으로 수감된 사람들과 치료를 받기 위해 입원한 일반 정신 질환자들, 그리고 기소가 가능한지—가령, 자신의 혐의를 이해하고 스스로를 변호할 능력이 있는지—를 검사하고 판별하기 위해 입원한 사람들이었습니다. 정신분열증 환자, 양극성 장애 환자, 정신지체 환자도 있었지만 정신 질환이나 반사회 이상 성격자로 진단이 내려진 경우도 있었습니다. 자신이 위의 한 경우나 모든 경우에 해당된다며 법원을 설득하려는 사람들도 있었죠.

모든 환자들은 병동에 감금되었고 치료를 받을 때나 법원의 명령이 있을 때만 팔찌나 족쇄를 찬 채로 동행인과 함께 방을 떠날 수 있었습니다. 그들은 하루 중 대부분을 콘크리트 벽과 천장, 문이 밖에서 잠기는 화장실, 창문이 없는 격리실에서 보냈습니다. 많은 환자들에게 독한 약물 처방이 내려졌고 실내외 활동은 극히 드물었어요.

사고가 빈번하게 일어났습니다. 환자들이 직원 혹은 다른 환자를 공격하거나 자해를 했고, 심지어 탈출을 감행하는 환자들도 있었습니다. 직원들이 일으키는 사고 역시 문제였습니다. 환자들에 대한 직권 남용, 약물 복용, 병가, 근로자 재해보험 문제, 직원들 간의 불화, 임상심리학자와 정신과 의사나 행정 직원들의 끊임없는 이직, 상하수도와 전기 배선 문제 등 이루 다 헤아릴 수가 없었죠. 늘 긴장감이 돌던 그곳은 폭발 직전의 우울하고 거친 곳이었습니다. 화초조차 잘 자라지 않았어요.

레크레이션 장소에 담장까지 친, 보안이 한층 강화된 새 건물로 이전을 했을 때는 어떤 변화가 일어나리라고 예상한 사람은 아무도 없었습니다. 그래서 또 다른 임상심리학자가 나타났을 때에도 사람들은 최신 요법을 시행한답시고 이것저것 들쑤시다가 포기하고 떠나겠구나 생각하고 말았죠.

하지만 휴렌 박사님은 달랐어요. 다정하게 행동하기는 했지만 마치 그곳에 없는 사람처럼 굴었습니다. 어떤 평가도 판단도 진단도 심리치료도, 심리 검사조차 하지 않았죠. 가끔은 늦게 나오기도 했고 사례 연구회의 참석은 물론이고 의례적인 기록 작성도 하지 않았습니다. 대신 호오포노포노라는 '이상한' 요법을 시행했는데, 자기 자신을 전적으로 책임지고 오직 자신만을 바라보며 자기 안의 부정적이고 원치 않는 에너지를 제거하는 방법이라고 설명했습니다.

가장 이상했던 것은 이 심리학자가 늘 느긋하고 정말 즐거워 보였다는 점이었습니다! 잘 웃는 것은 물론이고 직원이나 환자들과 장난도 치면서 진실로 자기가 하는 일을 즐기는 것 같았습니다. 자연히 모든 사람들이 그를 좋아하고 그와 잘 어울리게 되었습니다.

변화는 그렇게 시작됐습니다. 격리실이 점차 남아돌기 시작했지요. 환자들은 자기 일을 스스로 알아서 하기 시작하더니 자신들을 위한 프로그램을 만들고 실행하는 데 적극 참여했어요. 약물 처방 횟수 또한 줄어들었고 환자들이 구속 장치를 하지 않고 병동 밖으로 나가는 것이 허용되었습니다. 병동은 점차로 생동감이 넘쳐 흘렀습니다. 더 조용하고 더 가볍고 더 안전하고 더 깨끗하고 더 활기찬, 즐겁고 생산적인 곳이 되었죠. 식물들도 잘 자라기 시작했고 상하수도 문제와 병동 내의 폭행 사건도 거의 자취를 감추었으며, 직원들은 느긋하지만 열정적으로 일하면서 사이좋게 지냈습니다. 직원들이 툭하면 병가를 내거나 그만두는 바람에 부족하던 인력이 오히려 남아돌아 밀려나지는 않을까 걱정하는 상황이 되었죠.

특히 두 가지 사건이 가장 기억에 남습니다.

심각한 피해망상증 환자가 한 명 있었는데, 그는 병원 내부 사람들이나 외부의 일반 사람들에게까지 몇 번이나 심한 폭력을 휘두른 전력이 있었고, 여러 정신병원들을 전전하다가 살인을 저지르고 하와이 주립정신병원으로 이송된 사람이었습니다. 가까이에 있는 것만으로도 머리카락이 쭈뼛 설 정도로 음산하고 무시무시한 흉악범이었죠.

그런데 휴렌 박사가 합류한 지 1~2년이 되었을 무렵 놀라운 일이 일어났습니다. 누군가 구속 장치를 착용하지 않은 채로 내게 다가왔는데 알고 보니 바로 그였습니다. 소름이 돋기는커녕 긴장도 되지 않았습니다. 저는 아무 생각 없이 그냥 그를 바라보기만 했을 뿐 위협감은 전혀 느끼지 않았습니다. 심지어 우리는 어깨를 스치며 지나가기까지 했죠. 예전 같으면 언제라도 도망갈 태세를 갖추었을 텐데 말입니다. 그 사람이 차분해 보였습니다. 그 당시 전 그 병동에서 일하지 않고 있었기 때문에 어떻게 된 일인지 궁금했지요. 알아본 결과 그는 격리실에서 풀려나 당분간 구속 장치 없이 지내고 있었습니다. 유일한 단서는 몇몇 직원들이 휴렌 박사가 전파한 호오포노포노 치유법을 실시하고 있다는 사실뿐이었습니다.

다른 하나는 텔레비전 뉴스를 보다가 겪은 일입니다. 그날 나는 멘탈 데이mental day(몸이 아프지 않지만 스트레스를 풀 겸 하루 쉬는 날—옮긴이)라서 집에서 쉬고 있다가 서너 살짜리 여자애를 성폭행하고 살해한, 하와이 주립 정신병원의 한 환자가 법정에 출두한 사건 뉴스를 보게 됐습니다. 이 환자는 기소유예 처분을 받고 입원한 경우였죠. 정신과 의사와 심리학자들이 검사를 실시한 결과 '무죄' 판정이 충분히 가능할 정도의 정신착란 진단을 내렸던 겁니다. 그는 감옥에 가지 않고 제약이 덜한 주립 정신병원에서 복역하면 조건부 석방이 될 가능성이 있었습니다. 그런데 휴렌 박사가 이 환자에게 영향을 끼쳤습니다.

이 환자는 호오포노포노를 배우고 싶다고 부탁했고, 과거에 해군 장교였던 때처럼 지속적으로 열심히 그 과정을 배웠다고 합니다. 그리고 심문에 응할 수 있을 만큼 회복되어 법원 출두일이 정해진 상태였습니다.

보통의 환자들과 변호사들이라면 정신장애에 의한 형사 면책을 선택했겠지만 이 환자는 그러지 않았습니다. 그는 법정에 출두하기 하루

전에 변호사를 해임하고는 다음 날 오후 판사를 마주하고 법정에 서서 겸손하게 이야기했습니다.

"내게 책임이 있습니다. 미안합니다."

아무도 예상하지 못한 일이었죠. 판사는 당황하다가 몇 분이 지나서야 비로소 상황 파악을 했습니다.

저와 휴렌 박사, 그리고 이 친구는 두세 번 정도 함께 테니스를 친 적이 있었습니다. 그때 저는 이 환자가 굉장히 정중하고 배려심이 많다고 느꼈었죠. 바로 그 순간, 내 마음속에서 그에 대한 애정과 사랑이 솟아났습니다. 그리고 큰 파장이 일면서 법정 전체가 동요하는 것이 느껴졌습니다. 판사와 검사, 변호사들의 목소리에 애정이 실렸고 그를 둘러싼 모든 사람들이 부드러운 미소를 지으며 그를 쳐다보고 있는 것 같았습니다.

그런 일이 있고 나서 휴렌 박사가 테니스 경기 후에 호오포노포노 요법을 배워 보지 않겠느냐고 제의했을 때, 저는 떨 듯이 기뻐하며 어서 테니스 경기가 끝나기만을 기다렸습니다.

거의 20년 전의 일이지만 저는 휴렌 박사를 통해 하와이 주립 병원에서 신성이 행한 기적 앞에 여전히 고개를 숙이지 않을 수 없습니다. 휴렌 박사와 그의 '이상한' 치유법에 대한 감사의 마음은 영원히 변함이 없을 것입니다.

그리고 궁금하실지 모르지만 그 환자는 평범한 유죄 판결을 받았습니다. 그의 아내와 아이들이 살고 있는 고향에 위치한 주립 교도소에서 형을 살도록 판사가 관대한 처분을 내렸답니다.

오늘 아침에도 그 병동에서 사무원으로 일했던 동료로부터 휴렌 박사가 시간이 된다면 이제는 거의 은퇴한 예전 직원들이 함께 모이면 어떻겠느냐고 하는 전화를 받았습니다. 그 모임은 2주 후에 있을 예정입니다. 어떤 일이 펼쳐질지 누가 알겠습니까? 앞으로 들려올 이야기들을 향해 안테나를 바짝 세워 둘 작정입니다.

평화가 함께하길.

—O.H

휴렌 박사는 병원에서 진정한 기적을 이루어 냈다. 사랑과 용서를 실천함으로써 여러 측면에서 사회로부터 버려진 가망 없는 사람들을 바꾸어 놓았다. 그것은 사랑의 힘이었다.

나는 이 책의 초고를 완성했을 때 휴렌 박사에게 검토를 부탁하며 원고를 보냈다. 그가 내용을 정확하게 확인하고 정신병원에서 일하는 동안 일어났던 일들을 군데군데 보충해 주길 바랐다. 원고를 받고 일주일 뒤 그는 내게 다음과 같은 이메일을 보냈다.

아오 아쿠아에게.

이 책의 초고를 읽다가 문득 떠오른 생각을 적어 보았습니다. 원고에 대한 다른 의견들은 다음번 이메일의 몫으로 남겨 두겠습니다.

"당신은 할 만큼 했어요."
모르나가 단호하게 말했다.
"내가 뭘 했다는 겁니까?"
내가 물었다.
"하와이 주립 병원에서는 그만하면 됐습니다."
1987년 7월의 어느 여름날, 나는 모르나의 말 속에서 이제 끝을 내야 한다는 걸 짐작했지만 이렇게 말했다.
"그만두려면 2주전에 알려야 합니다."
물론 사실이 아니었다. 한 번도 그랬던 적이 없었고 병원에서도 그런 말을 한 사람은 아무도 없었다. 그 후로 나는 병원으로 돌아가지 않고 내 송별회에도 참석하지 않았다. 친구들은 나 없이 송별 파티를 열었다.
하와이 주립 병원의 정신병동에서 일하는 동안 나는 정말 행복했다. 나는 병동 사람들을 사랑했고 언제부터인지 병원 심리학자에서 그들의 가족이 되었다.
나는 일주일에 스무 시간을 직원들과 환자들, 경비원들, 동료들을 비롯해서 눈에 보이거나 보이지 않는 정신병동의 모든 힘들과 가까이 붙어 지냈다. 격리실과 금속 구속 장치, 약물 투여 등 억압과 수술이 일상적으로 통용되던 때, 그곳에 내가 있었다. 격리실과 금속 구속 장치가 사라졌을 때도 나는 거기 있었다. 언제부터였을까? 아무도 모른다. 육체적인 폭력과 폭언도 거의 완전히 사라졌으며 또 약물 투여율도 현저히 낮아졌다.

또 언제부터인가 환자들이 구속 장치 없이 여가 활동이나 작업을 위해 병동 밖으로 나갔다. 의사의 허락도 필요하지 않았다. 광기와 긴장이 감돌았던 병동이 어떤 의식적인 노력 없이 평화롭게 바뀌었다. 늘 일손이 부족했던 병동은 점차 사람들이 남아도는 곳으로 바뀌었다.

나는 내가 그 병동의 화목한 가족의 일원임을 분명히 밝히고 싶다. 나는 단순한 구경꾼이 아니었다. 맞다. 나는 어떤 심리치료도 하지 않았다. 심리 검사도 하지 않았고 직원회의나 환자 사례 회의에도 참석하지 않았다. 하지만 나는 병동에서 실시된 여러 활동에 참여했다. 과자를 구워 판매하는 첫 번째 병동 외부 활동에도 참여했다. 병동 밖에서 처음 여가 활동이 시작되었을 때도 마찬가지였다.

내가 임상심리학자로서 일반적인 심리치료법들을 사용하지 않은 것은 그것들을 쓸모없다고 여겨서가 아니었다. 그저 알 수 없는 이유로 그랬을 뿐이다. 하지만 병동을 돌아다니면서 과자 굽기 작업, 병동 밖에서의 조깅, 테니스 시합에는 참여했다.

무엇보다 중요한 것은 3년 내내, 주중이든 주말이든, 병동 어디를 가든, 그리고 그 자리를 떠난 후에도, 항상 정화 작업을 게을리 하지 않았다는 점이다. 매일 아침과 매일 저녁, 병동에 대해서 내 안에 어떤 것이 생겨나든 마음속에 병동에 대한 것이 떠오르기만 하면 나는 정화했다. 감사합니다. 사랑합니다.

나의 평화

— 이하레아카라

나는 휴렌 박사가 추가로 밝힌 내용이 마음에 들었다. 그의 겸손함이 드러났을 뿐 아니라 병원에서 일하는 동안 그가 한 일과 하지 않은 일들을 명확히 구분해 주었기 때문이다. 나는 그에게 답장을 보내 그의 이메일을 독자들과 공유하게 해 달라고 부탁했다. 내 부탁에 대한 그의 답장에는 단 한마디 말이 쓰여 있었다. 예상대로 '예스'였다.

이 경이로운 남자에게서 배우고 싶은 욕망은 끝이 없다. 그래서 우리는 함께 세미나를 연다. 물론 이 책을 함께 쓰기도 했다. 적어도 이제는 그가 정신병을 앓는 범죄자들의 병동 전체를 어떻게 치유했는지는 완전히 밝혀졌다. 그는 평소처럼 자기 자신을 치유함으로써 그 일을 해낸 것이다. 그가 자신을 치유하는 것은 단 세 마디 말로 이루어진다.

"나는 당신을 사랑합니다."

이것은 나도 할 수 있고 당신도 할 수 있는, 누구에게나 해당되는 치유법이다. 휴렌 박사가 가르친 호오포노포노를 몇 단계로 간단히 요약하면 다음과 같다.

1. 끊임없이 정화한다.
2. 아이디어나 기회가 나타나면 행동한다.
3. 끊임없이 정화한다.

아마도 이것이 이 세상에서 성공으로 가는 가장 간단한 길이 아닐까 싶다. 또 저항을 최소화하는 방법임과 동시에 제로 상태로 가는 지름길이기도 하다. 모든 것은 마법적인 이 한 마디 말로 시작되고 끝난다.

"나는 당신을 사랑합니다."

그렇게 무한 지대로 가는 길은 열린다.

나는 당신을 사랑한다.

끝맺는 글

깨달음의 세 단계

이 세상에서 내가 할 일은 두 가지입니다.
첫 번째는 치유하는 것이고 두 번째는 잠들어 있는 사람들을 깨우는 일입니다.
거의 모든 사람들이 잠들어 있습니다!
그들을 깨울 수 있는 유일한 방법은 나 자신을 깨우는 것입니다.
— 이하레아카라 휴렌

얼마 전, 어떤 기자가 내게 "일 년 후 당신의 모습을 어떻게 상상하느냐?"고 물은 적이 있었다.

예전 같으면 계획이니 목표니 의도니 하면서 이루고 싶은 것들의 청사진을 주르륵 펼쳐 보이며 성실하게 대답했을 것이다. 이런 책을 쓸 거고, 저런 걸 할 거고, 요런 걸 만들 거고, 그런 걸 살 거고, 이러저러한 사람이 될 거라고. 하지만 휴렌 박사와 작업을 끝낸 지금은 더 이상 미래에 대한 목표나 계획을 세우지 않는다. 나는 그 순간의 내 진심을 담아 대답했다.

"앞으로 내가 무엇이 되든 지금 내가 상상하는 것보다 훨씬 더 나은 모습이겠지요."

이 대답 안에는 언뜻 감지할 수 없는 깊은 뜻이 담겨 있다. 영감에서 저절로 흘러나와 나를 놀라게 한 이 말은 요즘 내 마음이 어디로 가고 있는지를 드러내주는 말이기도 하다. 이제 내 관심사는 다른 순간보다는 '지금 이 순간'이다. 지금 이 순간에 관심을 쏟기 시작하면 미래는 순탄하게 펼쳐진다! 나는 일전에 휴렌 박사에게 신성의 의도를 존중하는 것이 내 의도라고 말한 적이 있다.

몇 분 뒤 한 친구에게 그 기자의 질문과 영감 어린 내 대답을 들려줬더니 무척 재미있어 했다. 그는 몇 달째 나와 함께 호오포노포노를 수행하면서 자신의 에고와 그 에고의 욕망을 놓아 줄 때 신성의 인도를 받게 된다는 궁극적인 진실을 깨달은 친구였다.

이렇게 새로운 이해로 나는 다시 태어났다. 물론 이것은 하루아침에 이룩된 것이 아니다. 하지만 나는 '사랑합니다'를 비롯해 다른 말들을 외우면서부터 더 깊은 자각自覺의 경지로 이끌려 올라갔다. 어떤 이들은 그것을 각성覺性이라고 부르기도 하지만 어쩌면 그것이 깨달음 그 자체일지도 모른다. 이 깨달음에 도달하려면 최소한 세 단계를 밟아야 한다는 것을 이해하게 되었다. 이것은 인생의 영적 지도와 같은 것이다.

1단계 _ 나는 희생자

사실상 우리는 태어날 때부터 무기력한 존재라는 생각을 갖고 있기 때문에 우리들 대부분이 이 단계에 머물러 있다. 이 단계에서는 세상을 저 밖의 존재로 인식한다. 그것이 정부든, 이웃 사람들이든, 사회든, 악당들이든, 어떤 형태를 취하든 말이다. 스스로 아무런 영향력이 없으며 나머지 세상이 만들어 낸 결과물에 지나지 않는다고 생각한다. 그래서 투덜거리고 불평하고 주장하고, 단체를 만들어 스스로를 위해 투쟁한다. 가끔 파티에서 즐기는 것 빼고 인생은 대체로 '죽을 맛'이다.

2단계 _ 주도권은 내 손에

어느 순간이 되면 인생을 변화시키는 영화나 책들을 계기로 자신의 힘을 자각하게 된다. 의지를 품으면 얼마나 큰 힘을 발휘하게 되는지 깨닫는 것이다. 자신이 원하는 것을 실현할 만한 힘이 있다는 것을 깨닫고 행동에 옮겨 꿈을 성취한다. 원하는 것을 시각화하고, 행동을 취하고 성취할 수 있는 힘을 깨닫게 된다. 마법 같은 경험을 하게 되고 멋진 결과들을 경험한다. 인생이 대체로 꽤 좋아 보이기 시작한다.

3단계 _ 깨달음의 문을 열고

2단계가 지나면 우리의 의지에 한계가 있음을 깨닫는다. 새로 발전한 힘을 모두 동원해도 모든 것을 통제할 수 없다는 사실에 눈을 뜨기 시작한다. 그리고 더 큰 힘에 내맡길 때 기적이 일어난다는 것을 깨닫기 시작한다. 놓아 주고 믿기 시작한다. 매 순간 신성과 접속되는 것을 자각하는 연습을 시작하고 떠오르는 영감을 포착하고 행동에 옮기는 법을 배운다. 선택할 수 있지만 인생을 통제할 수 없다는 사실을 깨닫는다. 순간의 흐름을 따르는 것이 내가 할 수 있는 가장 위대한 일임을 깨닫는다. 이 단계에서는 줄줄이 일어나는 기적의 놀라운 체험을 하게 된다. 인생은 대체로 놀라움과 경이로움, 감사함의 연속이다.

나는 세 번째 단계로 들어섰다. 이 책을 읽으며 나와 함께 걸어온 당신도 어쩌면 지금쯤 내 옆에 서 있을지 모르겠다. 당신이 앞으로 경험하게 될 것에 대비하고 현재 체험하고 있는 것을 이해하는 데 조금이나마 도움이 되기를 바라며, 내가 얻은 깨달음을 정리해 보겠다. 나는 처음 휴렌 박사의 세미나에서 신성의 그림자를 언뜻 보았다. 그와 함께 지내는 동안 마음속의 소란스러운 잡담이 그쳤다. 나는 모든 것을 받아들였다. 그것은 이해의 범주를 넘어선 평화의 경지였다. 사랑은 나의 만트라^{mantra}였고 내 머릿속에서 늘 연주되는 노래였다.

하지만 거기서 멈추지 않았다. 휴렌 박사와 함께 있을 때면 평화를 느꼈다. 소리굽쇠 효과였다. 그의 진동이 나의 진동에 영향을 미쳤고, 나로 하여금 평화와 조화를 이룰 수 있게 해 주었다.

두 번째 세미나를 할 때 영혼의 섬광이라고 할 만한 것이 번쩍거렸다. 나는 오라를 보았고 사람들 주위의 천사들을 보았다. 네리사의 목 주위에 있던 눈에 보이지 않는 고양이들은 지금도 눈에 선하다. 아내에게 그걸 말했더니 아내가 웃었다. 그 이미지가 진짜든 아니든 그것이 아내의 기분을 바꿔 놓은 것은 분명하다. 아내는 눈이 부시도록 활짝 웃었다.

휴렌 박사는 가끔씩 사람들의 머리 위로 떠다니는 물음표를 보곤 한다. 그 물음표는 그 사람에게 질문을 던지라는 뜻이다. 어떤 기호나 존재를 볼 때마다 그는 이렇게 덧붙인다.

"내 말이 미친 소리로 들리겠지요. 정신과 의사들이 이런 말을 들으면 당장 가둬 버릴걸요."

물론 그의 말이 맞다. 하지만 일단 깨달음의 문이 열리기 시작하면 뒤를 돌아보아서는 안 된다. 나는 '성취를 넘어서' 첫 세미나에서 몇 몇 사람들의 에너지 영역을 보았다. 사람들은 놀랐지만 이것은 시작일 뿐이다. 이제까지 쓰지 않고 묵혀 두었던 내 두뇌의 일부분이 가동되면서 불이 들어온 것이다. 이제 내가 거부하지만 않는다면 나는 그걸 볼 수 있다. 휴렌 박사에게 "모든 것이 내게 말을 겁니다. 모든 것이 살아 움직이는 것 같아요."라고 말했을 때 그는 알 만하다는 듯이 미소를 지었다.

두 번째 세미나가 다가올 때쯤 나는 사토리(さとり)를 또 한 번 경

험했다. 사토리는 순간적인 깨달음으로 신성과 잠깐 조우하는 것을 뜻한다. 마치 창문이 스르륵 열리고 잠깐 동안 삶의 근원과 일체가 되는 것과 같다. 사실 이것은 다른 행성의 꽃을 설명하는 것만큼 어렵고 복잡하다. 하지만 자신이 사라지고 무한無限을 느끼는 그 체험을 통해서 나는 변했다. 그 경험은 시금석이 되었고 나는 그것을 되살려 언제든 그것으로 돌아갈 수도 있다. 한편으로 이것은 축복으로 가는 티켓처럼 경이롭기 그지없다. 하지만 다른 한편으로는 현재의 순간을 경험하지 못하게 방해하는 하나의 기억일 뿐이기도 하다. 그래서 내가 할 수 있는 일은 오로지 정화하는 것뿐이다.

가끔 미팅 중에 마음을 느긋하게 먹고 눈에 초점을 풀면 그 상황 뒤의 진실을 볼 수 있다. 마치 시간이 멈추거나 느릿느릿 흘러가는 것과 같다. 이럴 때는 삶의 뒤편에 걸린 태피스트리tapestry가 보인다. 그림 위에 덧칠한 물감들이 벗겨지면서 숨겨져 있던 명작이 드러나는 것과도 비슷하다. 영혼의 눈이라 해도 좋고 엑스레이의 눈, 신성의 눈이라 해도 좋다. '조 비테일'이—심지어 '아오 아쿠아'마저도—제로 상태로 사라지는 것을 내 눈은 포착한다. 무한 지대. 그곳은 존재한다. 그곳에서는 혼란이 없으며 모든 것이 명료하다.

하지만 그곳에서 살 수는 없다. 이른바 현실이라는 곳으로 돌아와서 여전히 굴곡의 삶과 싸워야 한다. 래리 킹이 내게 불행한 날이 있느냐고 물었을 때 나는 그렇다고 대답했다. 그건 지금도 마찬가지다. 휴렌 박사는 문제는 언제나 발생한다고 말했다. 하지만 문제 해결의 방편으로 우리에겐 호오포노포노가 있다. 신성에게 계속 '사랑합니다'라고 말하며 끊임없이 정화하는 한, 나는 무한 지대로 돌아갈 것이다.

제로가 보내는 신호를 굳이 말로 표현하자면 '사랑'이다. 따라서 계속 '사랑합니다'라고 말하는 것은 신성의 신호에 주파수를 맞추는 것과 같다. 또한 깨달음을 막는 걸림돌인 기억과 프로그램들, 믿음, 한계들을 중화하는 데 도움이 된다. 나는 계속 정화하면서 순수한 영감에 주파수를 맞춘다. 그 영감을 실행에 옮길 때 상상 이상의 기적들이 발생한다. 내가 할 수 있는 것은 꾸준히 노력해서 이를 반복하는 일뿐이다.

어떤 사람들은 머릿속에 들려오는 목소리들의 음색에 집중하면 영감의 소리를 가려낼 수 있다고 생각한다. 한 친구는 이렇게 말했다.

"내 에고의 목소리와 영감의 소리를 구분할 수 있어요. 에고의 목소리에는 다급한 기색이 역력하지만 영감의 소리는 더 온화하거든요."

까딱하면 속기 쉽다. 거친 목소리도, 부드러운 목소리도 모두 에고의 목소리일 수 있기 때문이다. 지금 이 글을 읽으면서도 당신은 당신 자신에게 이야기를 하고 있다. 간혹 질문을 던진다. 그 목소리를 당신 자신과 동일시하면서 그게 당신이라고 생각하겠지만, 그렇지 않다. 신성과 영감은 그 목소리들 뒤에 있다. 호오포노포노를 계속 실천하면 무엇이 진짜 영감이고 무엇이 그렇지 않은지가 점점 더 분명해진다.

휴렌 박사는 늘 우리에게 강조한다.

"하루아침에 뚝딱 되는 일이 아닙니다. 시간이 걸리지요."

깨달음의 문은 언제 어느 때든 열릴 수 있다는 점을 덧붙이고 싶다. 심지어 이 책을 읽는 순간에도, 산책을 하면서도, 개를 쓰다듬는 순간에도 올 수 있다. 어떤 상황이냐는 중요하지 않다. 당신의 내면 상태가 중요하다. 이 모든 것은 단 한 마디의 아름다운 말로부터 시작되고 끝을 맺는다.

사랑합니다.

덧붙이는 글 1

호오포노포노의 원칙

원칙 1 _ 무슨 일이 벌어지는지 우리는 전혀 모른다

의식적으로든 무의식적으로든 우리 안팎에서 벌어지는 일들을 모두 알기란 불가능하다. 우리가 전혀 인식하지 못하고 감지하지 못하는 동안에도 우리의 몸과 마음은 쉼 없이 스스로를 조종하고 있으며, 라디오 전파에서부터 생각의 형태를 띤 것에 이르기까지 눈에 보이지 않는 수많은 신호들이 공기 중을 떠돌고 있다. 실제로 우리는 지금 이 순간에도 우리들의 현실을 창조하는 데 참여하고 있다. 그러나 그것은 의식 차원의 지식이나 통제 없이 무의식적인 측면에서 일어나고 있다. 아무리 긍정적인 마음을 먹어도 빈털터리가 되는 이유가 여기에 있다. 우리의 의식은 창조자가 아니다.

원칙 2 _ 우리는 모든 것을 할 수 없다

일어나고 있는 모든 일들을 알 수 없다면 그것들을 모두 통제할 수 없다는 것도 자명한 일이다. 세상을 내 뜻대로 이끌 수 있다는 생각은 자기중심적인 생각일 뿐이다. 우리의 자아가 현재 진행되고 있는 일들을 대부분 파악하지 못하고 있기 때문에 무엇이 최선인가에 대한 판단을 자아에 맡기는 것은 현명하지 못하다. 우리에게는 선택권은 있지만 통제권은 없다. 의식적인 차원에서 무엇을 경험할 것인가를 선택할 수는 있지만 경험의 실현 여부나 방법, 시기 등은 흐름에 맡겨야 한다. '내맡기는 것', 그것이 열쇠이다.

원칙 3 _ 어떤 일이든 치유할 수 있다

우리의 인생에 어떤 일이 닥치든, 어떠한 경위로 인해 그렇게 됐든 우리는 그것을 치유할 수 있다. 이유는 단순하다. 그것이 우리의 시야에 포착됐기 때문이다. 느낄 수 있는 것이라면 치유할 수도 있다. 즉 누군가에게서 무엇을 느꼈다면, 그리고 그것이 거슬린다면 그것은 치유되기 위해 우리 앞에 나타난 것이다. 오프라 윈프리는 방송에서 "포착한 것은 그것을 갖고 있는 것과 같다."라고 말했다. 그것이 왜 내 인생에 나타났고, 어째서 그렇게 됐는지 알 수 없을지라도 그것을 알게 된 이상 순응해야 한다. 닥친 일들을 치유하면 할수록 좋아하는 일들을 더 명확하게 실현할 수 있다. 정체된 에너지를 다른 문제들로 돌려 사용할 수 있기 때문이다.

원칙 4 _ 자신이 겪는 모든 경험은 전적으로 본인 책임이다

내 인생에 어떤 일이 일어나든 그것은 내 잘못fault이 아니다. 다만 나의 책임responsibility일 뿐이다. '나의 책임'이라는 뜻은 내 말과 내 행동, 내 생각의 범주에 국한되지 않는다. 내 인생에 나타난 다른 사람들의 말과 행동 그리고 생각 모두를 포함한다. 내 인생에 나타난 모든 일들을 전적으로 책임질 때 그것은 '나의 문제'가 된다. 따라서 내 앞에 닥친 일이면 무엇이든 치유할 수 있다는 원칙과도 일맥상통한다. 요약하면 현재의 나의 현실에 대해서 누구도, 무엇도 원망할 수는 없다. 단지 그것에 대한 책임을 내가 질 뿐이다. 책임진다는 것은 현실을 수용하고 소유하고 사랑한다는 뜻이다. 내게 닥친 일을 치유하면 할수록 근원과 조화를 이루게 된다.

원칙 5 _ 무한대로 이르는 '사랑합니다' 란 티켓

치유에서 성취까지, 모든 이해를 넘어선 평화로 우리를 데려다줄 열차의 티켓은 '사랑합니다'라는 단 한 마디의 말이다. 신성에게 이 말을 하면 우리 안의 모든 것이 정화되기 때문에 순간의 기적, 무한대를 체험할 수 있다. 핵심은 모든 것에 대한 사랑이다. 남아도는 살도, 중독도, 문제아도, 골칫덩이 이웃도, 속을 썩이는 배우자도 사랑하라. 모든 것을 사랑하라. 사랑은 고인 에너지를 변형시켜 방출한다. '사랑합니다'는 신성으로 통하는 문을 여는 주문이다.

원칙 6 _ 영감은 의지보다 중요하다

의지가 마음이 가지고 노는 장난감이라면 영감은 신성이 내린 명령이다. 어느 지점에 이르면 우리는 무작정 애원하고 기다리기보다 내맡기고 귀를 기울이기 시작할 것이다. 의지는 자아의 좁은 시야를 기반으로 인생을 통제하려는 것이지만, 영감은 신성으로부터 온 메시지이며 행동 지침이다. 의지 역시 효과가 있고 결과를 가져오지만 영감은 효과뿐 아니라 기적을 가져온다. 당신은 어느 쪽을 더 원하는가?

덧붙이는 글 2

치유의 도구와 건강과 부, 행복의 길

남에게서 본 것은 내 안에도 있다는 점을 기억한다면 모든 치유는 '나'를 위한 것임을 깨닫게 된다. 치유의 대상은 남이 아니라 바로 '나'이다. 온 세상이 내 손 안에 있다.

첫 번째 방법은 수백, 수천 명의 사람들을 치유한 모르나의 기도문이다. 간단하지만 효능은 강력하다.

> 아버지와 어머니, 자식이 하나로 존재하는 신성한 창조주여……. 만일 내가, 내 가족이, 내 피붙이가, 내 조상이 당신과 당신 가족, 피붙이, 조상에게 태초부터 현재까지 생각으로, 말로, 행동으로 상처를 주었다면 부디 용서를 바랍니다……. 모든 암울한 기억과 장애물, 에너지, 불안들을 씻어내고, 정화하고 해방하여 이 원치 않는 에너지들을 순결한 빛으로 변형하소서……. 이제 됐습니다.

두 번째 방법은 휴렌 박사가 즐겨 쓰는 치유법으로, '사랑합니다', '나를 용서하세요'라고 말하는 것이다. 이런 말들은 내 몸과 마음속으로 들어온 무언가—그것이 무엇인지 정확히 모를지라도—를 인정하는 것과 같다. 그것이 어떻게 들어오게 됐는지는 모른다. 알 필요도 없다. 지나치게 살이 쪘다면 그저 살찌게 만드는 기억을 받아들였기 때문이다. '미안합니다'라고 말하는 것은 내 안에서 무엇이 비만을 초래했든 그것을 용서한다고 신성에게 말하는 것이다. 신성에게 나를 용서해 달라고 비는 것이 아니다. '내'가 '나'를 용서하게 해 달라고 신성에게 부탁하는 것이다.

더 나아가서 '고맙습니다', '사랑합니다'라고 말한다. '고맙습니다'라는 말은 감사하는 마음을 표현한다. 여기에는 그 문제가 가장 좋게 해결될 것이라는 믿음이 담겨 있다. '사랑합니다'라는 말은 정체된 에너지가 흐르도록 해 주고 당신과 신성을 연결한다. 제로 상태는 본래 순수한 사랑이며 무한대이기 때문에 사랑의 표현은 제로 상태로 가는 길의 출발선인 셈이다

그 다음에는 어떤 일이 일어날까? 그것은 신성에게 달렸다. 어떤 행동을 취하라는 영감을 줄 수도 있다. 그렇다면 그것이 무엇이든 실행하라. 확신이 들지 않는다면 앞서 말한 치유법을 혼란스러운 마음에 활용하라. 머릿속이 맑아지면 무엇을 해야 할

지 알게 될 것이다.

이것들은 현대화된 호오포노포노 치유법의 핵심 기술들이다.

덧붙이는 글 3

누구의 책임인가?

— 이하레아카라 휴렌

나는 호오포노포노와 친애하는 모르나 날라마쿠 시메오나를 사랑합니다. 그녀는 1982년 11월 나에게 친절하게 호오포노포노를 전수해 주었습니다.

다음은 내가 2005년도 일기장에 기록한 강의 내용입니다.

2005년 1월 9일

어떤 문제든 '무슨 일이 일어나고 있는지'를 이해하지 않고도 해결할 수 있습니다!

문제를 해결한다는 것은 우리가 존재하는 목적의 일부이고 자신의 주체성인 호오포노포노와도 관련되어 있습니다. 문제를 해결하기 위해서는 우선 두 가지 질문을 하지 않으면 안 됩니다.

나는 누구인가?

누구의 책임인가?

우주의 법칙을 이해하기 위해서 우선 소크라테스의 통찰을 인용하여 시작합니다.

"너 자신을 알라."

2005년 1월 21일

누구의 책임인가?

과학계를 포함해 대부분의 사람들은 세계를 물질적인 존재로 다룹니다. 심장병, 암, 당뇨병의 원인과 특정 치료법을 위한 최근의 DNA 연구 역시 대표적인 예라고 말할 수 있습니다.

의식적인 마음인 지성은 스스로를 문제 해결사라고 믿고, 일어나는 일들과 경험하는 일들을 모두 파악하고 통제하고 있다고 믿어 버립니다.

『사용자 환상』이라는 책에서 저자인 과학 저널리스트 토르 노레트랜더스는 의식을 다른 방식으로 그려 냅니다. 그는 많은 연구 사례를 인용하여, 특히 캘리포니아 샌프란시스코에 있는 대학의료센터의 벤자민 리벳 교수의 실험을 예로 들어, 의식이 인식하기 전에 이미 결정되어 있으며 의식은 이 사실을 모른 채 스스로 결정했다고 믿어 버린다고 합니다. 노레트랜더스에 의하면 우리는 매초 1천1백만 비트 이상의 정보를 얻지만 지성이 의식할 수 있는 것은 15~20비트 정도의 정보에 지나지 않는다고 합니다. 지성이나 의식이 아니라면 과연 누구의 책임일까요?

원인과 결과의 법칙: 물리적 모델

원인	결과
결함이 있는 DNA	심장병
결함이 있는 DNA	암
결함이 있는 DNA	당뇨병
신체적	육체적인 문제
물리적	환경의 문제

2005년 2월 8일

기억은 반복됨으로써 무의식의 경험을 지배하고 있습니다. 무의식은 기억을 모방, 반향, 재생하고 대신하여 경험합니다. 무의식은 기억에 의해 지배되어 행동하고 보고 느끼고 결정합니다. 의식 역시 알지 못한 채 기억의 반복에 따라 움직이고 있습니다. 여러 연구 사례가 보여주듯 기억의 반복은 경험 그 자체도 지배해 버립니다.

육체와 세상 역시 기억의 반복을 통해 무의식 안에 존재하고 있는 영감을 얻는 경우는 극히 드뭅니다.

원인과 결과의 법칙: 호오포노포노

원인	결과
무의식 속에서 되풀이되는 기억들	심장병(신체상)
무의식 속에서 되풀이되는 기억들	암(신체상)
무의식 속에서 되풀이되는 기억들	당뇨병(신체상)
무의식 속에서 되풀이되는 기억들	신체상의 문제―몸
무의식 속에서 되풀이되는 기억들	물리적 문제―세상

2005년 2월 23일

영혼 안에 포함되어 있는 무의식이나 의식은 스스로 아이디어나 생각, 느낌, 행동을 일으키지 않습니다. 앞서 이야기했듯이 의식은 기억의 반복과 영감을 통해 그것들을 대신 경험하는 것뿐입니다.

> 그러나 사람은 대체로 제각기 생각대로
> 사물의 본질과는 관계없는 해석을 한다.
> ― 윌리엄 셰익스피어

영혼이 스스로 경험을 일으키는 것이 아니라는 것을 이해하는 것이 아주 중요합니다. 기억이 보고 기억이 느끼고 기억이 행동하고 기억이 결정하는 것입니다. 혹은 아주 드물게 영감을 얻어서 보고 느끼고 행동하고 결정하기도 합니다. 문제를 해결할 때 몸이나 세상이 그 안에 문제를 가지고 있는 것이 아니라, 문제는 무의식 속에서 반복되는 기억들이 만들어 내는 결과나 영향들이라는 것을 이해하는 것이 중요합니다. 그렇다면, 누구의 책임일까요?

죄 많은 땅 위의 중심에 서 있는 불쌍한 영혼이여,
육욕의 반란군에 제압되었다.
어째서 너는 외벽을 사치스럽게 장식하면서
안쪽에서는 마르고 쇠약해져 굶주림에 괴로워하는가?
— 윌리엄 셰익스피어, 소네트 146편

2005년 3월 12일

허공은 자아와 마음, 그리고 우주의 근원입니다. 즉 신성이 무의식으로 영감을 불러오기 전에 이 상태가 됩니다.

과학자가 알고 있는 것은 우주가 무로부터 나왔다는 것과 무로 돌아간다고 하는 것뿐이다. 우주는 제로로부터 시작해 제로에서 끝난다.
— 찰즈 사이페, 『제로: 수학·물리학이 무서워하는 가장 위험한 개념』 중에서

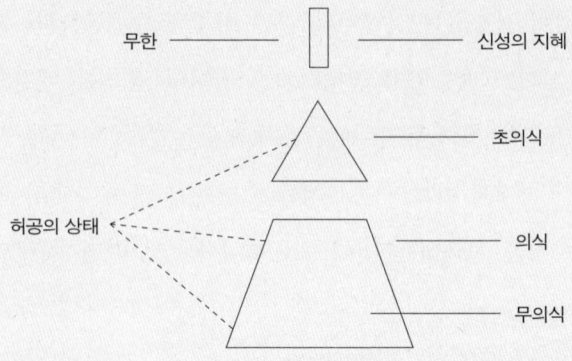

무™ 상태의 자아는 기억이 재생되자마자 변해 버려 통찰이 나타나는 것을 방해합니다. 이 상태를 교정하여 자아를 재구축하기 위해서는, 기억들이 신성에 의해 무로 변환하지 않으면 안 됩니다.

정화하고 지우고 지워 당신 자신만의 샹그릴라를 찾아내라. 그곳은 어디에 있는가? 당신 안에 있다.

— 모르나 날라마쿠 시메오나

어떤 돌탑도, 어떤 황동의 성벽도, 어떤 공기 없는 지하 감옥도, 어떤 견고한 철의 쇠사슬도 영혼의 힘을 옭아맬 수 없다.

— 윌리엄 셰익스피어, 「줄리어스 시저」 중에서

2005년 3월 22일

존재한다는 것은 신성으로부터 주어진 선물입니다. 그리고 그 선물이 주어진 유일한 목적은 문제 해결을 통해 자기 주체성을 재정립하기 위한 것입니다. 호오포노포노는 고대 하와이에서 전해지는 회개와 용서와 변형의 문제 해결 과정을 현대화한 문제 해결 방법입니다.

> 비판치 말라. 그리하면 너희가 비판을 받지 않을 것이다.
> 정죄하지 말라. 그리하면 너희가 정죄를 받지 않을 것이다.
> 용서하라. 그리하면 너희가 용서를 받을 것이다.
> ─ 예수, 누가복음 6장

호오포노포노에는 네 가지 요소(신성의 지혜, 초의식, 의식, 무의식)가 단일체로 함께 작동합니다. 무의식 속에서 되풀이되는 기억들의 문제를 해결하기 위해서 각각의 요소는 독특한 역할과 기능을 하고 있습니다.

초의식은 기억으로부터 자유롭고 무의식 안에서 재생되는 기억들로부터도 영향을 받지 않습니다. 그리고 신성과 늘 함께합니다. 하지만 신성이 움직이면 초의식도 함께 움직입니다. 자아는 영감과 기억에 의해 작용합니다. 주어진 어느 순간에 영감이

나 기억 중 오직 하나만이 지휘권을 갖습니다. 자아라고 하는 영혼은 한 번에 하나의 주인만을 섬깁니다. 그 주인은 장미꽃인 영감이 아니라 가시인 기억인 경우가 대부분입니다.

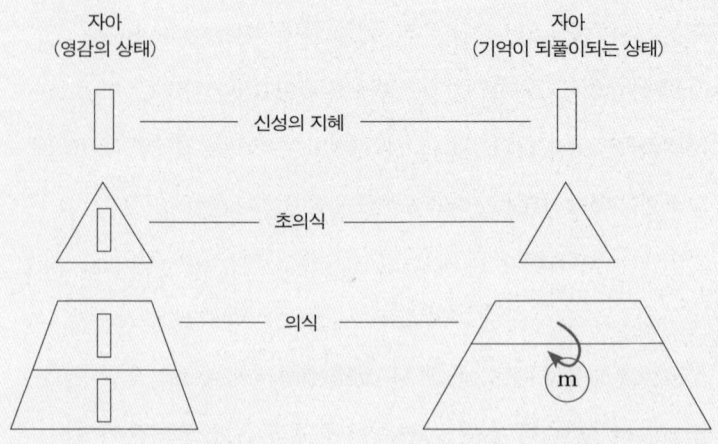

영감의 기억이 되풀이되는 상태

2005년 4월 30일

나는 스스로 슬픔을 만들어내 소비하고 있는 것에 지나지 않는다.

— 존 클레어

허공은 '생물'이든 '무생물'이든 모든 자아의 공통분모이자 평형 장치이다. 또한 가시적可視的인 우주와 비가시적인 우주 전체의 영원불멸한 기반으로서 시간을 초월한다.

> 우리는 모든 사람들이―모든 생물들이―평등하게 창조되었음을 자명한 진실로 여기며…….
> ― 토머스 제퍼슨, 미국 독립 선언문 중에서

기억이 되풀이되면 자기 주체성의 대전제는 바뀌어 버리고, 영혼은 공空과 무한無限의 자연적인 상태로부터 멀어져 버립니다. 비록 기억이 공 대신 들어선다고 하더라도 그것을 파괴할 수는 없습니다. 무가 어떻게 파괴될 수 있겠습니까?

> 내분이 일어난 집은 온전히 서 있을 수 없다.
> ― 에이브러햄 링컨

2005년 5월 5일

매 순간 자아가 자기 주체성을 가지려면 끊임없이 호오포노포노를 실행해야 한다. 기억과 마찬가지로 끊임없이 호오포노포노를 실천하는 데는 휴가도, 은퇴도, 잠도 없다. 절대 멈춰서는 안 된다.

마음에 새겨진 빛나는 날들 뒤에

가린 악(되풀이되는 기억)이 점차 얼굴을 드러내고 있다.

— 제프리 초서, 『캔터베리 이야기』 중에서

2005년 5월 12일

호오포노포노 과정을 통해서 의식은 기억들을 풀어 내보낼 수 있습니다. 그렇지 않으면 원망과 생각의 끈으로 기억들을 묶어 두게 됩니다.

호오포노포노(문제 해결)

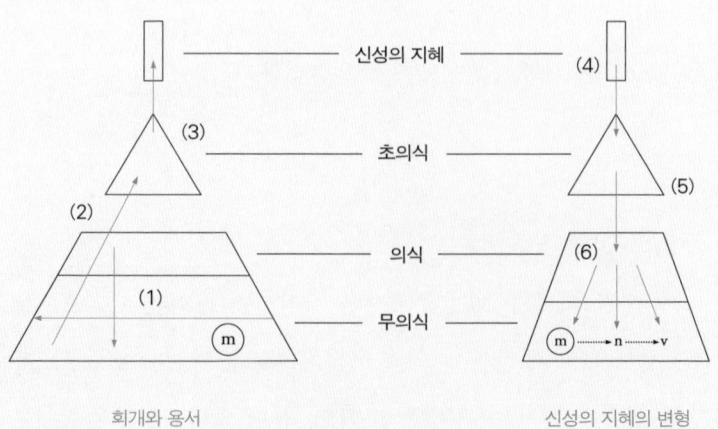

1. 의식이 호오포노포노에 의한 문제 해결의 과정을 시작하면 신성에 청원하여 기억을 공(空)으로 변환시킵니다. 신성은 문제가 무의식 안의 기억들이 재생되고 있는 것이라는 것을 인정하고 백 퍼센트의 책임을 지게 됩니다. 청원은 의식으로부터 무의식으로 들어갑니다.
2. 무의식으로 내려간 그 청원은 기억을 변환으로 이끈 다음 무의식에서 초의식으로 올라갑니다.
3. 초의식은 청원을 다시 검토하여 적당한 변화를 만들어 냅니다. 초의식은 늘 신성과 파동을 맞추고 있기 때문에 다시 검토하고 변화를 일으키는 능력을 가지고 있습니다. 다음으로 그 청원은 신성으로 보내져 마지막 조사와 검토가 이루어집니다.
4. 초의식에 의해 보내진 청원이 검토된 후 신성은 초의식으로 변환의 에너지를 보냅니다.
5. 변환을 위한 에너지는 초의식으로부터 의식으로 흘러듭니다.
6. 변화 에너지가 의식에서 무의식 속으로 내려갑니다. 변화된 에너지는 우선 고정된 기억들을 무력하게 만듭니다. 무력해진 에너지들이 저장고로 풀려난 뒤 공(空)을 떠나갑니다.

2005년 6월 12일

사고나 비난 등은 기억의 재생에 의해 일어납니다. 영혼은 무슨 일이 일어나는지를 알지 못하고도 신성에 의해 영감을 받을 수 있습니다. 신의 창조성인 영감의 유일한 요구는 자기 주체성으로 자기답게 있는 것입니다. 자기답게 있기 위해서는 끊임없이 기억을 정화하는 절차가 필요합니다.

기억은 항상 무의식의 동반자이며 기억이 휴가를 얻어 무의식을 떠나거나 하는 일은 없습니다. 퇴직하여 무의식을 떠나는 일도 없습니다. 기억은 끊임없이 재생을 되풀이합니다.

법률가 이야기

아, 갑자기 슬픔이 밀려와
애통함이 수놓인 세상의 기쁨을 몰아내는구나!
이제 그것으로 세속의 희열은 끝이 나고
슬픔이 마침내 즐거움의 자리를 차지했다네.
그대여, 내 충고를 들으시오.
그대의 즐거운 날들 중에 명심할 것은
등 뒤에 미지의 악이 웅크리고 있음을.
— 제프리 초서, 『캔터베리 이야기』 중에서

기억과의 관계를 단호히 끊기 위해서는 기억을 정화해 공으로 만들지 않으면 안 됩니다.

다음은 호오포노포노 수련생의 일기입니다.

나는 1971년 아이오와 주에서 내 생애 두 번째의 사랑을 만났다. 우리 딸 M이 태어난 것이다. 아내가 M을 돌보는 모습을 볼 때면 그 둘에 대한 내 사랑은 점점 깊어지고 새록새록 솟아났다. 그렇게 내게 사랑하는 사람이 둘로 불어났다.

그해 여름 유타에서 대학원을 마쳤을 때, 내 아내와 나는 선택의 기로에 섰다. 하와이로 돌아가느냐, 아이오와에서 공부를 더 하느냐, 우리는 호크아이 주Hawkeye State(아이오와 주의 속칭 — 옮긴이)에 남기로 결정했지만 바로 두 가지 난관에 봉착했다. 첫째는 M이 병원에서 집으로 온 후로 울음을 그치지 않은 것이었고, 둘째는 백 년 만에 최악인 혹한의 겨울이 아이오와를 덮쳤던 것이다. 매일 아침마다 아파트 문을 안에서 걷어차고 가장자리에 꽁꽁 얼어붙은 얼음을 손으로 두들겨 부수어야 하는 날들이 몇 주씩 계속되었다.

생후 1년 무렵 M의 담요 위에 핏자국이 묻어났다. 알고 보니 아이가 울음을 그치지 않았던 것은 심한 피부 트러블 때문이었다. 나는 M이 자다가 발작을 일으키며 제 몸을 긁는 모습을 무기력하게 바라보면서 수없이 많은 밤을 눈물로 지새웠다. 스테로이드 계 약품은 아이에게 전혀 효과가 없었다. 세 살이 되었을 때 M의 팔꿈치와 무릎의 터진 부분에서 피가 계속 새어 나와 손가락과 발가락의 관절 부위까지 흘러내렸고, 팔 안쪽과 목 주변에 딱지가 두껍게 앉았다.

그로부터 9년 후 우리 가족이 하와이로 돌아온 어느 날, 나는 M과 M의 여동생을 차에 태우고 집으로 가다가 무심코 와이키키에 있는 내 사무실로 차를 돌렸다.
"오, 반가운 손님들이 오셨군요."
모르나가 사무실로 들어선 우리 셋을 보며 조용히 말했다. 모르나는 책상 위의 서류들을 만지작거리다가 M을 보고 부드럽게 말했다.
"나한테 뭐 묻고 싶은 거 있니?"
M이 페니키아 고대 문서처럼 위아래로 갈라진, 고통과 슬픔의 세월이 고스란히 드러난 양팔을 앞으로 내밀었다. 모르나가 "좋아."라고 말하고는 눈을 꼭 감았다.
그녀는 직접 호오포노포노를 베풀어 주었다. 그리고 일 년 뒤 출혈과 상처, 고통, 슬픔, 약물로 얼룩진 13년간의 세월이 딸아이에게서 작별을 고하고 떠나갔다.

2005년 6월 30일
　인생의 목적은 신성이 자아를 창조했을 때의 본모습, 즉 허공과 무한의 자아로 돌아가는 데 있습니다.
　모든 인생의 경험들은 되풀이되는 기억들과 영감들의 표현에 불과합니다. 우울함, 생각, 원망, 빈곤, 분노, 슬픔은 셰익스피어가 그의 소네트에서 지적한 대로 '예전의 비통한 사연'에 지나지 않습니다.

끊임없는 정화를 시작할지, 아니면 기억들이 끊임없이 되풀이되며 문제를 일으키도록 내버려 둘 것인지 의식적인 마음에게는 선택권이 있습니다.

2005년 12월 12일

의식의 차원에서만 노력한다는 것은 신성의 가장 소중한 자기 주체성에 대한 무지를 의미합니다. 또 무엇이 문제인지도 알지 못합니다. 이러한 무지로 문제는 해결되지 않고 성과도 없습니다.

불쌍한 영혼은 끊임없는 불필요한 슬픔으로 던져집니다. 얼마나 슬픈 일인가요.

의식은 자기 주체성이라는 선물에 눈을 뜨지 않으면 안 됩니다. 자아는 창조주 즉 신성과 같이 불멸하며 영원합니다. 무감각하고 혹독한 병, 전쟁, 대대로 이어지는 죽음의 잘못된 현실이야말로 무지가 만들어낸 결과입니다.

2005년 12월 24일

물질계는 기억과 영감이 자아라고 하는 영혼 안에서 일어나는 현상입니다. 자아의 상태를 바꾸면 물질계의 상태도 바뀝니다.

누가 책임을 지고 있을까요. 영감일까요. 아니면 기억의 재생일까요? 어느 쪽을 선택할지는 의식적인 마음에 달려 있습니다.

2006년 2월 7일

여기, 자기 주체성인 호오포노포노에서 네 가지 문제 해결 과정이 있습니다. 이 과정은 무의식 속에서 일어나는 기억의 재생을 공(空)으로 환원해 줍니다.

1. '사랑해'

여러분의 영혼이 기억의 재생으로 문제를 겪고 있다면 마음속으로 조용히 말해 보세요.

'기억들아, 사랑해. 너희들과 나를 모두 자유롭게 할 기회를 줘서 고마워.'

'사랑해'라는 말은 몇 번이고 반복해도 지나치지 않습니다. 여러분이 기억을 내쫓지 않는 이상 기억은 떠나지 않습니다. '사랑해'는 여러분이 문제를 인식하지 못하는 경우에도 사용할 수 있습니다. 예를 들면 전화를 받는다거나 차를 타고 어디를 갈 때도 사용할 수 있습니다.

> 너희 원수를 사랑하며 너희를 미워하는 자를 선대하며…….
> ― 예수, 누가복음6장

2. '고마워'

이 과정은 '사랑해'와 함께, 혹은 대신해서 사용할 수 있습니다. 마음속으로 몇 번이고 반복해도 좋습니다.

3. 블루 솔라 워터

물을 충분히 마시는 것도 문제 해결의 훌륭한 방법입니다. 특히 블루 솔라 워터라면 더욱 그렇습니다. 비금속의 뚜껑이 붙은 푸른 유리 용기를 준비한 후 수돗물을 용기에 넣어 태양 아래나 백열등 아래에 한 시간 이상 놓아 둡니다. 태양광에 쬔 물은 여러 가지 용도로 사용할 수 있습니다. 과일이나 야채는 블루 솔라 워터로 씻기는 것을 좋아합니다! '사랑해'와 '고마워'의 과정에 함께, 블루 솔라 워터는 무의식 안에서 재생되는 기억을 무로 변화시킵니다. 마셔서 흘려보냅시다!

4. 딸기와 블루베리

이러한 과일들은 기억을 무로 변환시킵니다. 생으로 먹어도 좋고 말려서 먹어도 좋습니다. 잼이나 젤리, 시럽이나 아이스크림이라도 상관없습니다!

몇 개월 전 호오포노포노에서 필수적인 특징을 나타내는 용어집에 대한 아이디어가 떠올랐습니다. 천천히 읽어보면 한 층 더 친숙하게 다가올 것입니다.

- 자아: 나는 자기 주체성입니다. 나는 네 가지 요소, 신성·초의식·의식·무의식으로 구성되어 있습니다. 나의 기초는 신성의 정확한 반향인 공과 무한입니다.
- 신성: 나는 무한하며, 자기 주체성과 영감을 창조합니다. 나는 기억을 공*으로 변환시킵니다.
- 초의식: 나는 의식과 무의식을 감독하고 있습니다. 의식이 호오포노포노의 청원을 시작하면 그것을 검토하여 적절한 형태로 바꾸어 신성에 보내고 있습니다. 나는 무의식 안에서 재생되는 기억에 영향을 받는 일이 없습니다. 나는 항상 신성시되는 창조주와 하나입니다.
- 의식: 나에게는 선택이라는 선물이 주어져 있습니다. 나는 끊임없는 기억들이 무의식과 내가 경험하도록 지시합니다. 혹은 호오포노포노의 끊임없는 실천을 통해 기억들을 풀어 버릴 수도 있습니다. 나는 신성으

로부터의 지시를 받고 싶으면 청할 수도 있습니다.
- 무의식: 나는 창조의 시작부터 모인 기억의 저장고입니다. 나는 기억의 재생이나 영감의 재생이 일어나는 경험의 장소입니다. 나는 육체와 세상이 재생과 영감으로 머무는 장소이기도 합니다. 또 문제가 기억의 반응으로 존재하는 곳이기도 합니다.
- 무無: 나는 공空입니다. 나는 자아와 우주의 근원입니다. 나는 신성과 무한으로부터 영감이 솟아오르는 장소입니다. 무의식 안에서 기억들이 재생하면 나는 변위됩니다. 기억의 재생으로 나는 파괴되지는 않지만 신성으로부터 영감이 들어오는 데 방해가 됩니다.
- 무한: 나는 무한한 신성입니다. 영감은 덧없는 장미처럼 나로부터 공으로 흘러들어 기억의 가시들을 제거해 버립니다.
- 영감: 나는 무한한 신성의 창조물이며 공으로부터 무의식 속으로 나타납니다. 나는 완전히 새로운 사건으로 경험됩니다.
- 기억: 나는 무의식 안에 기록되는 과거의 경험입니다. 어떤 계기가 일어나면 나는 과거의 경험을 재생합니다.
- 문제: 나는 무의식 속에서 반복하여 재생되는 과거의 경험이며 기억입니다.
- 경험: 나는 무의식 안에서 일어나는 기억의 재생 혹은 영감의 결과입니다.
- 운영체계: 나는 공, 영감, 기억과 함께 자아를 움직이고 있습니다.

- 호오포노포노: 나는 하와이의 전통적인 문제 해결 과정을 오늘에 통용되도록 모르나가 현대화한 것입니다. 모르나 날라마쿠 시메오나는 1983년에 '하와이의 살아 있는 보물'로 인정받았습니다. 나는 세 가지 요소로 구성되어 있습니다. 회개와 용서, 그리고 변형입니다. 나는 자아를 재정립하기 위해 기억을 공으로 만들려는 의식이 신성에 보내는 청원입니다. 나는 의식 안에서 시작됩니다.
- 회개: 호오포노포노의 과정은 나로부터 시작됩니다. 나는 '기억을 무無로 바꾸어 달라'고 하는 의식으로부터의 신성에 대한 청원입니다. 나와 함께 의식은, 무의식 속에서 기억이 재생되어 버리는 문제가 모두 스스로 창조하여 받아들이고 축적해 놓은 것이라는 점을 자각합니다.
- 용서: 회개와 함께 나는 의식적인 마음이 무의식 속의 기억을 '무無로 바꾸어 달라'고 하는 의식으로부터의 신성에 대한 청원입니다. 의식은 비탄에 잠겨 있을 수도 있지만, 신성에게 용서를 구할 수도 있습니다.
- 변형: 신성은 나를 통해 무의식 속의 기억을 중화하여 무無로 풀어 놓습니다. 나는 오직 신성을 통해서만 일어납니다.
- 부富: 나는 자기주체성입니다.
- 빈곤: 나는 내면의 자리를 차지하고 있는 기억들입니다. 나는 신성의 지혜가 무의식 속으로 들어가 영감이 솟아나는 것을 방해합니다.

모든 이해를 넘어선 평화가
여러분에게 깃들길 바랍니다.
오 카 말루히아 노 메 오에.
평화가 함께하기를 바라며.

저자 소개

조 비테일 Joe Vitale

전 세계 다섯 손가락 안에 드는 인터넷 마케팅의 대가이자 '영혼 마케팅'의 창시자로 불린다. 한때 노숙자였던 조 비테일이 백만장자이자 수십권의 책을 펴낸 베스트셀러 저자로 유명세를 얻게 된 데에는 '호오포노포노'라는 비밀이 숨어 있었다.

하와이 주립 정신병원의 중증 환자 병동에서 환자들을 진찰하지 않고도 하와이 고유의 독특한 치료법만으로 환자들을 치료하는 것은 물론 병원 전체를 따뜻하고 풍요로운 분위기로 탈바꿈시킨 심리치료사 이하레아카라 휴 렌 박사에 대해 우연히 알게 된 조 비테일은 수소문 끝에 이하레아카라 휴 렌 박사를 직접 만나게 되고, 그 후로 본격적인 호오포노포노 전도사로 나서게 되었다. 다른 누구보다 그 자신이 호오포노포노로 인한 치유와 해결을 깊이 경험했기에, 보다 많은 사람들이 호오포노포노의 신비를 경험했으면 하는 바람과 오랜 탐구의 결과를 담아 이 책을 펴냈다.

대표적인 저서로는 『영혼의 마케팅』『돈을 유혹하라』『인생의 놓쳐버린 교훈』『머니 시크릿』 등이 있으며, 오디오 프로그램 「괴짜 마케팅의 힘」으로 미국에서 큰 인기를 얻었다. 영화 〈시크릿〉에 출연하기도 했다.

홈페이지 mrfire.com

이하레아카라 휴렌 Ihaleakala Hew Len, Ph. D.

하와이 원주민의 전통적 고도의료 전문가이자 호오포노포노의 전통을 발전시킨 트레이닝 법을 고안해낸 故 모르나 날라마쿠 시메오나 여사[1913~1992]의 제자이자 '현대 호오포노포노[SITH: Self Identity Through Ho'oponopono]'의 권위자이다. 심리학 박사이기도 한 그는 하와이 주립 종합병원에서 3년간 일하면서 환자들을 직접 만나는 일 없이 호오포노포노를 통한 정화 치료만으로 놀라운 변화를 가져왔다. 정신질환을 앓는 범죄자들이 대부분인 병동에서 정신분석의들은 한 달을 못 버티고 그만두기 일쑤였고 직원들은 결근과 이직이 다반사였으며 환자들은 수갑과 구속복 없이는 움직임 자체가 제한되었다. 하지만 휴렌 박사의 치료 이후 수갑과 구속복은 물론 직원들의 결근과 이직도 사라졌으며, 마지막에는 퇴원하는 환자들이 늘어나는 바람에 필요한 인원보다 직원들이 남아돌게 되었다. 그 병동은 차차 존재 이유가 사라져 현재는 폐쇄되었다고.

1983년 유엔과 유네스코에서의 강연을 시작으로 전 세계에 호오포노포노를 통한 문제 해결과 스트레스 해소 프로그램을 알리는 전문가로 활동하고 있다.

호오포노포노 영문 공식 홈페이지 *self-i-dentity-through-hooponopono.com*
호오포노포노 아시아 사무국 공식 사이트 *hooponopono-asia.org/kr*

옮긴이 | 황소연

연세대학교를 졸업하고 현재 출판 기획자이자 영한 및 한영 번역가로 활동하고 있다. 옮긴 책으로 『인생의 베일』, 『찌꺼기』, 『타이거마더』, 『더티 잡』, 『말리와 나: 사전 없이 원서 읽기』, 『점퍼3』, 『파랑 피』, 『떠돌이 개와 함께한 나의 인생』 등이 있다.

감수 | 박인재

번역 프리랜서이자 명상지도가. 주로 해외의 자기계발서 및 영성 관련 자료를 국내에 소개하고 있다. 양자물리학이 말하는 현실 창조의 비밀을 다룬 영화 「블립What the bleep do we know!?」과 영화 「시크릿Secret」의 자막을 공동 번역했으며, 오프라 윈프리 쇼 「시크릿」 편 자막을 제작했다. 옮긴 책으로는 『가장 쉬운 길』, 『사랑에 대한 네 가지 질문』(공역), 『블립』, 『후나 웨이』, 『내 마음에 다리 놓기』 등이 있다.

호오포노포노의 비밀

1판 1쇄 펴냄 2011년 11월 25일
1판 29쇄 펴냄 2025년 7월 25일

지은이 | 조 비테일 · 이하레아카라 휴렌
옮긴이 | 황소연
감 수 | 박인재
발행인 | 박근섭
펴낸곳 | 판미동

출판등록 | 2009. 10. 8 (제2009-000273호)
주소 | 06027 서울 강남구 도산대로 1길 62 강남출판문화센터 5층
전화 | 영업부 515-2000 편집부 3446-8774 팩시밀리 515-2007
홈페이지 | panmidong.minumsa.com

도서 파본 등의 이유로 반송이 필요할 경우에는 구매처에서 교환하시고
출판사 교환이 필요할 경우에는 아래 주소로 반송 사유를 적어 도서와 함께 보내주세요.
06027 서울 강남구 도산대로 1길 62 강남출판문화센터 6층 민음인 마케팅부

한국어판 ⓒ (주)민음인, 2011. Printed in Seoul, Korea
ISBN 978-89-6017-284-5 13320
판미동은 민음사 출판 그룹의 브랜드입니다.